Kleine kriminalistische Bücherei
herausgegeben von
Hans Schneickert.

— 2 —

Beobachtungs- und Ermittlungspraxis im Polizei- und Detektivdienst

Von

Lothar Philipp.

Walter de Gruyter & Co.
vormals G. J. Göschen'sche Verlagshandlung — J. Guttentag, Verlagsbuchhandlung — Georg Reimer — Karl J. Trübner — Veit & Comp.
Berlin und Leipzig 1923.

Meinem Lehrer

Herrn **Dr. jur. Hans Schneickert**

Leiter des Berliner Erkennungsdienstes

in Dankbarkeit und Verehrung

gewidmet.

Lothar Philipp.

I. Vorwort.

Die kriminalwissenschaftliche Fachliteratur ist besonders in den letzten Jahren um viele wertvolle Werke bereichert worden, sodaß sie an Umfang manche anderen wissenschaftlichen Fachliteraturen weit übertrifft. Während berühmte Kriminalisten und Strafrechtler fast jedes Gebiet der Kriminalistik ausführlich besprochen und bearbeitet haben, ist ein Zweig verhältnismäßig unbeachtet geblieben: die Beobachtungs- und Ermittlungspraxis des Detektivs und Polizeibeamten. In heutiger Zeit, wo das Interesse für kriminalistische Theorie und Praxis im Publikum zugenommen hat, läßt es sich nicht vermeiden, daß auch der Privatdetektiv an der Aufklärung von Verbrechen Anteil zu nehmen sucht. Im Interesse der Gesellschaft wäre ja — in Anbetracht der jetzigen Verbrechenshochflut — eine Mitarbeit von Privatdetektiven an der Bekämpfung des Verbrechens sehr wünschenswert, und sie wird auch vielfach von Theoretikern in Zeitungsartikeln und kurzen Schriften angeregt und empfohlen. In der Praxis treten jedoch dieser Mitarbeit mancherlei Bedenken gegenüber. Einmal ist es der nicht wegzuleugnende schlechte Ruf, den Privatdetektive bei Behörden und Publikum genießen, zum anderen ihre mangelnde Kenntnis, sowohl in der Wissenschaft, als auch in der Praxis. Beiden Übeln kann nur abgeholfen werden durch geeignete Literatur, die den Detektiv zu gründlicher, einwandfreier und ehrlicher Arbeit anregt und die moralischen Gefahren, die der Detektivberuf zeitigt, vom praktisch menschlichen und vom juristischen Standpunkt beleuchtet.

Diesem Zwecke soll auch das vorliegende Werk dienen, das auf Erfahrungstatsachen und Menschenkenntnis unter fachkundiger Beratung des Leiters des Berliner Erkennungsdienstes, Dr. jur. Hans Schneickert, angefertigt wurde, dem ich an dieser Stelle für die Durchsicht meiner Arbeit den wärmsten Dank ausspreche.

Ich habe mich bemüht, das gesamte Thema in kurzen Grundrissen zu skizzieren, es zu erschöpfen ist unmöglich. Jeder Fall liegt anders und will seiner Sachlage entsprechend behandelt werden. Deshalb ist ein Paragraphenlehrbuch für den Privatdetektiv ein Unding. Lediglich die Grundlagen, allgemeine Technik, Ausbildung und Ausstattung können behandelt werden. Und dies habe ich getan, soweit es mir nach den gemachten Erfahrungen während meiner Tätigkeit in etwa dreißig Detektivbüros möglich war. M. E. kann man es erst dann wagen, über einen Beruf zu schreiben, wenn man ihn aufs genaueste kennen gelernt und ausgeübt hat. Das einzige Werk, das über dieses Thema bis jetzt erschienen ist[1]), ist von

[1]) Wulff, Wie werde ich Detektiv? (Rudolphsche Verlagsbuchhandlung, Dresden.)

keinem Detektiv geschrieben und — nach Gutachten der bekanntesten Kriminalisten Deutschlands und Österreichs — wissenschaftlich und praktisch ohne Bedeutung und insbesondere für den Detektiv ohne Wert. Ich habe gelegentlich im Text auf Unrichtigkeiten des genannten Buches verwiesen. Nach Möglichkeit habe ich vermieden, auf Detektivtricks einzugehen, die meistens in mehr oder weniger gutem Schwindeln bestehen. Der Detektiv und der Kriminalbeamte sind oft gezwungen, die Grenze des Erlaubten zu überschreiten. Die Überschreitung dieser Grenze muß dem Gewissen und dem Taktgefühl des einzelnen überlassen bleiben.

Im allgemeinen sollen meine nachstehenden Ausführungen nicht nur für Privatdetektive, sondern, wo angängig, auch für Polizeibeamte Geltung haben.

Die angegebenen Beispiele bearbeiteter Fälle sind insofern geändert, als ich Personennamen und Orte durch andere ersetzt habe, so daß also meiner Schweigepflicht genügt ist.

Somit übergebe ich das Werk der Öffentlichkeit mit der Bitte um nachsichtige Beurteilung.

Aus der Praxis für die Praxis ist es geschrieben nach dem Grundsatz:

Greift nur hinein ins volle Menschenleben,
Und wo Ihr's packt, da ist's interessant!

Berlin W57, Ostern 1923.

Lothar Philipp.

Inhaltsverzeichnis.

II. Einleitung.

Nicht mit Unrecht genießt der Privatdetektiv beim Publikum einen sehr zweifelhaften Ruf. Zahlreiche Straftaten werden fast täglich sowohl von Büroinhabern, als auch von Angestellten begangen und die Tagespresse sorgt dafür, daß diese Straftaten einem großen Publikum zur Kenntnis gelangen. Erpressungen, Nötigungen und Meineide sind es vor allem, deren sich Detektive schuldig machen. Ich erinnere nur an die Fälle, wo Privatdetektive, ja sogar frühere Kriminalkommissare, hohe Zuchthaus- und Gefängnisstrafen wegen obengenannter Verbrechen und Vergehen erhielten. Der Eingeweihte wird ja schon wissen, um welche Subjekte und angenagte Existenzen es sich handelt. Ich möchte es mir versagen, in diesem Buche Namen zu nennen.

Gerade der Detektiv muß peinlichst darauf bedacht sein, seine Ehre und seinen Ruf fleckenlos rein zu erhalten. Er, dem der Mandant unbedingtes Vertrauen entgegenbringen soll, muß es für seine vornehmste Pflicht halten, sich dieses Vertrauens würdig zu zeigen.

Die schon so oft geforderte Konzessionierung der Detektive ist wohl der einzig gangbare Weg zur Hebung und Reinigung des Standes. Allerdings dürfte eine solche Konzessionierung nur von der Behörde aus vorgenommen werden, die einzig und allein für die Bekämpfung des Verbrechens zuständig ist, von der Kriminalpolizei. Nach eingehender Prüfung des Vorlebens, der Kenntnisse und Fähigkeiten des Detektivs durch eine Kommission von älteren, akademisch gebildeten Kriminalkommissaren und Juristen könnte dann dem Detektiv die Konzession zugesprochen werden. Allerdings müßten dann die Strafen für rechtsbrechende, konzessionierte Detektive entsprechend härter und die Aufsicht der Kriminalpolizei — wenigstens in der Anfangszeit — sehr scharf sein.

Indes wird selbst die Konzessionierung noch einige Zeit auf sich warten lassen. Ich kann deshalb nur die jetzt bestehenden Verhältnisse berücksichtigen, wo für die Fähigkeiten, Kenntnisse und Studien keine besonderen Vorschriften bestehen. In den meisten Fällen genügt eine Volksschulbildung vollständig. Sehr gern wird allerdings das Reifezeugnis für Obersekunda (früher Einjährigen-Freiwilligen-Zeugnis) gesehen und dazu ist Absolvierung einer Realschule notwendig. Ehrliche, anständige Gesinnung, Ausdauer und Lust und Liebe zum Beruf, das ist alles, was nötig ist. Ist die Bezahlung und das Gehalt anfangs nicht so, wie man erwartet hat, so soll man sich nicht entmutigen lassen. Der Beruf ist nicht so romantisch, wie er in Detektiv-Romanen geschildert und in Detektiv-Filmen von einem leichtgläubigen Publikum angestaunt wird. Viele habe ich kennen gelernt, die mit Begeisterung

Detektiv geworden sind, um den Beruf nach einem Vierteljahr bitter enttäuscht wieder aufzugeben. Kein Beruf für Salon- und Romanhelden, für Gecken und Schwächlinge ist es, sondern einer, der wie kein anderer deutsche Männer erfordert, die ihre Kraft und Ausdauer vollständig in seinen Dienst stellen können.

III. Ausbildung.

A. Geistige Ausbildung.

Ich habe schon in der Einleitung darauf hingewiesen, daß es nicht nötig ist, eine höhere Schule zu besuchen und Abiturient zu sein. Es genügt eine Realschulbildung, zur Not auch das Reifezeugnis einer Volks- und Fortbildungsschule. Ein junger Mann, der das Reifezeugnis einer Realschule hat, wird danach zu trachten suchen, so schnell als möglich als Volontär in ein Detektivbüro einzutreten. Es ist durchaus nicht nötig, daß er sich ein großes, bekanntes Büro auswählt, es ist sogar geboten, vorerst ein kleineres Büro zu suchen, in dem er die Anfangsgründe lernt. Es ist für die kriminalistische und juristische Ausbildung des Detektivs sehr von Wert, wenn er kriminalwissenschaftliche und strafrechtliche Vorlesungen an der Universität belegt und besucht; Vorlesungen über Kriminalpsychologie und Identitätslehre werden seit einigen Jahren an den Universitäten Berlin (Dozent: Dr. Hans Schneickert), Frankfurt am Main und Göttingen gehalten. — Es ist natürlich sehr schwer, das richtige Büro zu finden, aus dem einfachen Grunde, weil die Zahl der unreellen Büros eine sehr große ist. Am sichersten sind immer ehemalige Kriminalbeamte oder Akademiker.

Der Volksschüler, der noch eine Fortbildungsschule besuchen muß, wird als Lehrling eintreten müssen.

Da es für die Ausbildung des Detektivs noch keinen vorgeschriebenen Studienplan gibt, führe ich im Folgenden einige Wissenschaften an, deren Kenntnis für den Detektiv unerläßlich ist.

1. Orthographie und Stil.

Über jede geleistete Arbeit hat der Detektiv einen Bericht zu schreiben. Natürlich ist es unbedingt erforderlich, daß diese Berichte eine schöne, leserliche Schrift, kurzen, klaren Stil und eine einwandfreie Rechtschreibung aufweisen, da diese Berichte zu den Prozeßakten und bei Prozessen auch vor den Richter kommen. Die Ausdrucksweise muß klar und bestimmt sein und darf zu Zweifeln über den Sinn des Geschriebenen keinen Anlaß geben. Berichte müssen peinlich genau, kurz und klar abgefaßt sein mit genauer Zeitangabe. Jeder Kombination hat sich der Detektiv zu enthalten.

2. Stenographie

ist äußerst wichtig. Am besten ist es, wenn der Detektiv sich des Systemes Gabelsberger oder Stolze-Schrey bedient. Gabelsberger Stenographie wird in dem größten Teil Deutschlands geschrieben, nur in Preußen bedient man sich neben Gabelsberger noch des Systemes Stolze-Schrey. Natürlich genügt eine oberflächliche Kenntnis nicht. Gründlichkeit ist hier, wie bei jeder zu erlernenden Wissenschaft, die Hauptsache. Ich begenüge mich damit, nur auf die Kenntnisse hinzuweisen, die für den Beruf unbedingt nötig sind, im Gegensatz zu anderen Autoren, die auf eine Unmasse von Wissenschaften hinweisen, die gründlich zu studieren eine Zersplitterung der Geisteskräfte bedeuten würde.

3. Sprachen.

Französisch soll der Detektiv gut sprechen können. Ich nehme an, daß er nicht immer in einem kleinen Institut bleiben will, sondern auch einmal, wenn er seine Ausbildung vollendet hat, in ein größeres Büro eintritt. Da ist es sehr leicht möglich, daß er eine Beobachtung hat, die in die Deutschland umgrenzenden Länder hinüberspielt; auch Englisch ist dabei nötig. Diese zwei Sprachen werden schon auf der Schule gelehrt, und so ist es für den Detektiv leicht, sich mit Hilfe von Unterrichtsbriefen weiterzubilden.

Tschechisch, Polnisch, Russisch, Holländisch, Italienisch, Dänisch, Schwedisch und Norwegisch zu lernen bleibt jedem selbst überlassen. Unbedingt nötig sind diese Sprachen nicht, vor allem ist es ausgeschlossen, daß der Detektiv diese Sprachen sämtlich lernt. Er möge sich eine heraussuchen, die er gründlich sich aneignet. Natürlich wird er sich die Sprache des Landes aussuchen, das seinem Wohnort am nächsten liegt, also:

Sachsen: Tschechisch
West- und Ostpreußen: Russisch, Polnisch
Norddeutschland: Dänisch, Schwedisch, Norwegisch
Westfalen, Nordsee: Holländisch
Bayern: Italienisch.

4. Geographie

a) Deutschlands und der Grenzländer,

b) des Bundesstaates,

c) des Wohnortes und seiner Umgebung.

Vor allem ist die Geographie des Wohnortes wichtig, da ja, besonders in kleinen Instituten, die meisten Beobachtungen innerhalb der Umgebung des Wohnortes vorgenommen werden.

5. Verkehrskenntnis.

Erforderlich ist: gründliche und genaue Kenntnis aller Verkehrsmittel, wie Eisenbahn-, Flußdampfer-, Autoomnibus-, Straßenbahn-, Untergrundbahn-, Stadtbahnlinien. Ferner der Bahnhöfe, Haltestellen, Kreuzungen, Endstationen und Verkehrsknotenpunkte des Wohnortes und des Staates. Weiterhin: Kenntnis der Preise der Bahnen, der Taxen der Droschken und Autos, aller staatlichen und öffentlichen Gebäude des Wohnortes, der Stadtviertel (wo die Häuser einen besonderen Aufgang für Herrschaften und einen für Dienstboten haben, wo elektrische Fernöffnung ist), der größeren Cafés und Hotels, der Warenhäuser und größeren Firmen, Theater, Kinos, Park- und Gartenanlagen, Kabaretts, Varietés, Bordellstraßen und Kuppelquartiere.

Diese Kenntnisse sind die wichtigsten. Wenn er sich dabei noch ein Buch über kaufmännisches Wissen[1])

[1]) Zu empfehlen: Rotschilds Taschenbuch für Kaufleute.

kauft, so ist das nur zu begrüßen. Mit diesen fünf Punkten hat der Detektiv genügend zu tun, wenn er sie peinlich genau durchnimmt.

Zu erwähnen ist noch die juristische Ausbildung des Detektivs, vor allem auf dem Gebiete des bürgerlichen Rechts und des Strafrechts. Die juristische Ausbildung kann sich freilich nur auf Grundlagen beschränken. Auch wird es dem Detektiv nur möglich sein, sich die nötigen Kenntnisse durch Selbststudium zu erwerben. Zu diesem Zwecke genügt eine Textausgabe des Gesetzes nebst einem kurzgefaßten Grundriß[1]). Wichtig ist für das bürgerliche Recht insbesondere der Allgemeine Teil, Schuldrecht und Familienrecht. Indes soll sich der Detektiv damit begnügen, die Grundlagen angegebener Rechtsnormen kennen zu lernen. Ein tieferes Eindringen in den schwierigen Stoff ist nicht nötig. Die praktische Ausübung des so Gelernten durch Erteilung juristischer Auskünfte ist zu verwerfen.

Zur weiteren geistigen Ausbildung des Detektivs dürfte noch erwähnenswert sein die Ausbildung des

6. Beobachtungssinnes.

Der Detektiv soll bewußt sehen lernen. Der Leser soll sich fragen, ob er in der Lage ist, den Anzug eines Menschen, mit dem er vor einer Viertelstunde noch gesprochen hat, zu beschreiben. Er kann es nicht. Er wird sogar kaum sagen können, was für Haar und

---

[1]) Siehe Anhang, juristischen Teil.

Augen der Betreffende hat, sofern er nicht näher mit ihm bekannt ist. Darin können wir viel von den Frauen lernen. Es ist erstaunlich, was für eine Beobachtungsgabe das schöne Geschlecht besitzt. Ein Blick genügt ihnen, um uns über Haarfrisur mit allen Einzelheiten und Schikanen ein Privatissimum zu lesen, über Löckchen, Spangen, Ondulationen, über die Kleidung mit jeder Spitze, jedem Einsatz, jeder Schleife, über Schuhe, Strümpfe, Hände, Hut, über alles können sie uns bis ins kleinste Detail Auskunft geben. Darin sind sie uns entschieden über. Das hat natürlich seinen bestimmten Grund, und der ist, daß das weibliche Geschlecht sich von Haus aus für die Toilettenfrage lebhaft interessiert. Bildet sie doch den Hauptlebensinhalt des Weibes.

Der Detektiv soll also beobachten können, denn Beobachtungen sind die Hauptaufgaben des Detektivs. In der Beobachtung soll er sich immer üben, auch wenn er nicht beruflich tätig ist. Nicht mehr wie früher soll er flüchtig über die Leute, mit denen er verkehrt, hinwegsehen, sondern sie genau beobachten, was sie für Kleidung tragen, Haarfarbe, Augenfarbe, Farbe der Krawatte und des Anzuges, Schuhe, Strümpfe, Zustand der Oberwäsche, also der Kragen, Vorhemden und Manschetten, woraus er schon mancherlei schließen kann. Auch soll er die Kleidung des zu Beobachtenden im Bericht genau angeben, wie ich in den Beispielen[1])

[1]) Siehe Seite 78.

angeben werde. Die Beschreibung braucht nicht bis aufs kleinste ausgearbeitet zu sein, aber sie soll doch genau, gründlich, klar und anschaulich abgefaßt werden. Wichtig sind vor allem Schuhe, Strümpfe, Anzug oder Kleid, Überzeug und Kopfbedeckung.

Bei der Erwähnung der Beobachtungskunst kommen wir auf noch ein anderes Gebiet, das eng mit der Beobachtungskunst zusammenhängt, und auf dem sich der Detektiv ebenfalls ausbilden soll, und das ist das Gebiet der

7. Charakterologie.

Diese Wissenschaft ist für den Detektiv auch insofern wichtig, als er ihrer zu Ermittlungen bedarf.

Es ist nun nicht nötig, daß er sich dazu ein großes, streng wissenschaftlich gehaltenes Lehrbuch anschafft. Es gibt eine Unmenge Lehrbücher über dieses Gebiet, daß der Detektiv wohl zunächst nicht wissen wird, welches für ihn das geeignetste ist.

Charakterologische Werke jedoch, die leicht verständlich und für den Handgebrauch des Detektivs geeignet sind, gibt es nicht allzuviele [1]).

Auch die Kunst, den Charakter eines Menschen aus seiner Handschrift zu lesen, Graphologie, ist für den Detektiv wertvoll [2]). Allerdings gehört zu dieser Wissen-

[1]) Zu empfehlen: Bahnsen, Charakterologie. (Verlag Reclam.) Klages, Prinz. d. Charakterologie, Leipzig 1910.

[2]) Zu empfehlen: Klages, Handschrift und Charakter. (Verlag Barth, Leipzig 1917.)

schaft ein umfangreiches Studium. Und es genügt auch hier, wenn der Detektiv die Grundbegriffe kennen lernt. Wichtige Abhandlungen über Charakterkunde finden sich auch in bekannten kriminalwissenschaftlichen Werken [1]).

8. Konzentration.

systematisch zu erlernen, ist ebenfalls dringend zu empfehlen. Über dieses Thema sind Werke und Unterrichtsbriefe herausgegeben worden, die durch besondere Methoden Konzentrationsfähigkeit anerziehen wollen [2]). Diese Werke enthalten an und für sich wertvolle Gedanken. Allerdings sind sie sehr mit Vorsicht zu genießen, und es ist nicht alles, was in solchen Briefen steht, für ein Evangelium anzusehen. Insbesondere ist die Lehre von der Gallschen Phrenologie, die man oft in solchen Briefen und Lehrgängen antrifft, abzulehnen. Der Detektiv kann die Werke immerhin studieren, denn durch sie lernt er Arbeitsfreude, Lebenslust, körperliches Wohlbehagen und spürt Zunahme der geistigen und körperlichen Leistungsfähigkeit. Gründ-

---

[1]) Groß, Handbuch zur Erforschung strafbarer Handlungen; Weingart, Kriminaltaktik. In vorliegendem Werke habe ich absichtlich nichts über die kriminalistische Ausbildung des Detektivs gesagt. Sollte ein Bedürfnis zur kriminalistischen Ausbildung vorliegen, so findet der Detektiv alles Wissenswerte in den angegebenen Werken von Groß, Schneickert u. a.

[2]) Gerling, Die Kunst der Konzentration. (Anthropos-Verlag, Prien.)

liche Befolgung der Vorschriften ist natürlich unerläßlich.

Wichtig ist ferner noch für den Detektiv die Lektüre einer größeren Zeitung, die alles das, was man wissen muß, objektiv berichtet. Wir wollen hier von Politik ganz absehen. Der Detektiv soll sich von jeder politischen Betätigung fernhalten. Er soll über alles, was in seinem Wohnort vor sich geht, unterrichtet sein, so z. B. über Theaterspielfolgen, Cafés, Restaurants, Balletablissements, Vorträge, Konzerte usw. Diese Nachrichten hat er sich gründlich einzuprägen. Zeit dazu hat er immer, sei es beim Morgenkaffee, auf der Straßenbahn oder sonst irgendwo. Er soll die Zeitung stets bei sich tragen, denn er braucht sie zu mancherlei, worüber ich noch unten berichten will.

B. Körperliche Ausbildung.

Der angestrengte Beruf eines Detektivs erfordert natürlich ein gründliches Training und eine gute Gesundheit. An seinen Körper werden folgende Anforderungen gestellt:

1. Laufen.

Er ist oft gezwungen, größere Märsche zu machen, muß also gut zu Fuße sein, ebenso wie eine gute, leistungsfähige Lunge vonnöten ist, da es bisweilen vorkommt, daß er im Laufschritt eine Droschke zu verfolgen hat. Es ist also sehr zweckmäßig, wenn er sich entweder im Laufen und sachgemäßen Atmen übt oder einem Sportverein für Leichtathletik beitritt. Unerläßlich ist, daß der Detektiv Radfahren kann.

2. Sehen.

Eine normale Sehkraft ist Haupterfordernis. Besitzt er die nicht, so soll er sich ausgleichende Gläser anmessen lassen. Er benötigt sowohl einen tadellos festsitzenden Kneifer ohne Einfassung, als auch eine Hornbrille. Beides hat er stets bei sich zu tragen. Er hat dann sofort, falls der Kneifer durch irgendeinen Umstand einmal zerbrechen sollte, Ersatz an der Brille. Außerdem verändert eine Hornbrille das Aussehen ungemein; und das ist nötig, wenn er längere Beobachtungen hat, die manchmal monatelang dauern. Morgens, nach dem Aufstehen ist ein Augenbad zu nehmen.

3. Abhärtung.

Der Detektiv muß bei Regen und Sonnenschein, bei Schnee und Hagel seinem Beruf nachgehen. Er muß manchmal nächtelang im größten Unwetter auf der Straße sein. Ist es mir doch selbst einmal so ergangen, daß ich bei einer Beobachtung im Januar sechs Stunden lang des Nachts im schärfsten Schneesturm auf freier Straße vor einem Hause warten mußte, während der ungetreue Ehegatte, den ich zu observieren hatte, im warmen Nestchen paradiesischen Wonnen entgegensah. Damals habe ich sämtliche ungetreuen Ehemänner der Welt nach allen Richtungen der Windrose verflucht. Zu solchen Kraftproben ist es natürlich unerläßlich, daß der Detektiv gesund und abgehärtet ist. Zarte Naturen sind für den Detektivberuf ungeeignet. — Abhärtung erreicht man durch tägliches Duschen mit kaltem Wasser, morgens und abends vor den gymnastischen Übungen, die zur Erhaltung der Spannkraft und der körperlichen Frische notwendig sind[1]). Das Duschen hat im Sommer und Winter bei geöffnetem Fenster zu geschehen. Nach dem Duschen soll der Körper gründlich frottiert werden.

IV. Ausstattung.

Manche Autoren vertreten den Standpunkt, daß der Detektiv nie genug Geräte und Apparate bei sich führen kann. Sie versteigen sich in ihren Angaben so weit, daß sie nicht nur das aufzählen, was nach ihrer Ansicht der Detektiv wirklich braucht, sondern sie zählen auch die Gegenstände auf, die er gegebenenfalls einmal brauchen könnte.

Natürlich muß eine übermäßige Belastung des Detektivs diesen in seiner Bewegungsfreiheit bedeutend hindern.

Um eine übermäßige Belastung des Detektivs zu verhindern, muß man die nötigen Gegenstände auf ein Minimum von den unentbehrlichsten beschränken. Ich empfehle daher für den Privatdetektiv nur das,

---

[1]) Dr. Waldow, Das neue Kraftsystem. (Rudolphsche Verlagsbuchhandlung, Dresden-A. 1.)

was er nach meinen langjährigen Erfahrungen gebrauchen kann — und auch braucht, nämlich:

1. Bleistift und Notizbuch.

Füllfeder ist zwecklos und unnötig. Der Detektiv muß seine Notizen im Fahren, Gehen und Stehen machen können, dazu kann er keinen Füllfederhalter gebrauchen. Auch soll er während der Arbeit keine großen Abhandlungen, sondern lediglich Stichworte niederschreiben. Wenn er dann zu Hause oder im Büro seinen Bericht aufsetzt, dann fallen ihm beim Lesen dieser Stichworte ohne weiteres alle Nebenumstände wieder ein. Am vorteilhaftesten bewährt sich immer ein kleines Notizbüchel und ein kurzer, kaum 10 cm langer Bleistiftstummel, denn es kann sich als nötig erweisen, unauffällig zu schreiben, was bei einem großen, dicken Buch und einem allzulangen Bleistifte unmöglich ist. Zwei Reservebleistifte mitzunehmen, ist sehr zu empfehlen.

2. Kompaß.

Einen Kompaß kann der Detektiv immer gebrauchen. Weiß er doch nie, wohin ihn eine Beobachtung führt, und ob ihm die Gegend bekannt ist. So kann er sich mit Hilfe des Kompasses leicht zurechtfinden.

3. Taschenlaterne.

Bei der jetzigen mangelhaften Straßen- und Treppenbeleuchtung ist eine Taschenlampe unerläßlich. Ebenso nachts beim Notieren der beobachteten Tatsachen.

4. Wohnortskarte

ist neben dem Kompaß und der Taschenlampe zum Zwecke der Orientierung stets mitzuführen.

5. Fernglas.

Man soll im allgemeinen nie zu weit hinter dem Observaten gehen. Ist dies doch der Fall, und er steigt plötzlich in ein Auto, ohne daß ein anderes in der Nähe ist, das der Detektiv benutzen könnte, so soll man wenigstens mit Hilfe des Fernglases die Nummer des Autos feststellen.

Doch der Hauptzweck des Fernglases ist ein anderer. Ich will hier einen Fall anführen, den ich im Jahre 1919 selbst bearbeitet habe:

Ein ungetreuer Ehegatte hatte eine andere Frau besucht. Die Wohnung dieser Dame lag im zweiten Stock eines alleinstehenden Hauses. Das Zimmer, in dem die beiden sich aufhielten, lag nach der Straße zu. Es war im Februar, also zu einer Zeit, wo gegen 5 Uhr das Licht angezündet wurde. Da das Haus scheinbar kein Vis-a-vis hatte, zog die Dame ihre Fenstervorhänge nicht zu. Das Haus hatte aber doch ein Gegenüber, nämlich ein kleines Bauernhaus, das hinter Bäumen und Gärten ziemlich versteckt lag. Das Giebelzimmer dieses Bauernhauses befand sich in der Höhe des betreffenden Zimmers. Dieses Giebelzimmer mieteten wir und konnten allabendlich von seinem Fenster aus mittels des Fernglases alle Vorgänge im gegenüberliegenden Zimmer beobachten.

Unter diesen „Vorgängen" befanden sich auch Zärtlichkeiten, die bei dem folgenden Ehescheidungsprozeß schwer ins Gewicht fielen.

Ein Operieren mit einem Fernglas auf der Straße ist nur mit Vorbehalt anzuraten, da es sehr leicht auffällig wirkt.

6. Taschenspiegel.

Ein Taschenspiegel verrichtet mitunter recht gute Dienste bei schwierigen Beobachtungen. Es kommt vor, daß man, um nicht aufzufallen, den Beobachteten überholen muß. Um ihn trotzdem im Auge zu behalten (öfteres Umsehen wäre zu auffällig), legt man einen kleinen, runden Taschenspiegel auf die flache Hand und zieht den Handschuh darüber, so daß ein etwa markgroßes Stück des Spiegelglases aus der runden Öffnung des Handschuhes am Handteller heraussieht. Wenn man nun scheinbar mit der betreffenden Hand den Hut hält und dabei den Spiegel so einrichtet, daß der Observat darin zu sehen ist, so kann man ruhig, ohne sich umzusehen, langsam weitergehen und doch jede seiner Bewegungen beobachten. In geschlossenen Räumen, Cafés usw. darf man nur sehr vorsichtig mit dem Taschenspiegel operieren.

7. Taschenuhr.

Zu empfehlen ist eine einfache, aber gutgehende Uhr mit Leuchtzifferblatt. Bei Beobachtungen z. B. ist es unerläßlich, daß man sich die genaue Zeit für jedes besondere Ereignis nach Minuten aufschreibt. Siehe unten in den Beispielen.

8. Briefbogen und Umschläge

braucht man oft für Ermittlungen z. B. gesuchter Personen, indem man auf ein Kuvert große Wertangaben schreibt, zu den Bekannten der gesuchten Person geht und vorgibt, den Wertbrief persönlich abgeben zu müssen. Meist wird man dann die Adresse erfahren. Mit solchen fingierten Geldsendungen kann man viel erreichen.

Anderseits kann man ein mit Adresse versehenes Kuvert benutzen, um die Anwesenheit einer Person in ihrer Wohnung festzustellen. Man schreibt irgendeine belanglose Mitteilung in den Brief und fragt an, ob die betreffende Person da sei, man müsse ihr einen Brief abgeben.

9. Zeitung.

Eine solche bei sich zu haben, ist bei Beobachtungen von großem Wert. Wenn der Observat nämlich in langsamem Spazierschritt eine menschenleere Straße hinabgeht, so kann ihm der Detektiv ebenso langsam folgen, indem er dabei eine Zeitung liest und aufmerksam über den Rand nach dem Observaten schielt. Auch im Café, Restaurant usw. ist sie vonnöten; wenn der Detektiv in der Nähe des Observaten sitzt, so kann er ihn durch ein kleines Loch in der Zeitung ungestört beobachten.

10. Sportmütze.

Der Detektiv kann sie in der Tasche tragen. Es ist manchmal nicht zu vermeiden, daß der Verfolgte auf den Verfolger aufmerksam wird. Er sagt sich: „Donnerwetter, den Kerl da mit dem braunen Hut habe ich doch schon vor einer Stunde da und da gesehen!" Besonders sind das ungetreue Ehegatten und Verbrecher, die auf verbotenen Pfaden natürlich sehr mißtrauisch sind. Um die Aufmerksamkeit von sich abzulenken, geht man in einen Hausflur, steckt den Hut in die Tasche, setzt die Mütze auf, schlägt den Kragen hoch und folgt dem Observaten in veränderter Gangart event. mit der Zeitung. Der Hut muß natürlich so beschaffen sein, daß er sich leicht und unauffällig in einer Tasche unterbringen läßt.

11. Reklamezettel.

Notabene: Die Idee ist nicht von mir, ein anderer hat sie angeregt und ich habe sie ausprobiert und für gut befunden.

Wenn der Observat in ein Haus geht, so ist es natürlich von Wichtigkeit, festzustellen, zu welchem Bewohner er geht. Nun ist das einfache Nachsteigen eine sehr mißliche Sache, und es erregt leicht Mißtrauen. So nimmt der Detektiv denn ein Päckchen Reklamezettel irgendeiner Firma in die Hand und verteilt sie an die einzelnen Wohnparteien. Dabei kann er ungestört dem Observaten nachsteigen und dabei sogar noch einige Begrüßungsworte auffangen, die unter Umständen von Bedeutung und daher wörtlich in den Bericht aufzunehmen sind.

12. Geld.

Dies ist eins der Haupterfordernisse. Ohne Geld kann der Detektiv überhaupt nicht arbeiten und zu wenig Geld hindert ihn in der Bewegungsfreiheit. Er soll für fünftausend Mark Kleingeld (also Hundertmark-, Fünfzigmark- und kleinere Scheine) in der äußeren Rock- oder Manteltasche haben, ferner für zehntausend Mark Hundert- und Fünfzigmarkscheine und fünfzig- bis hunderttausend Mark mindestens insgesamt bei sich tragen.

Nehmen wir an, der Detektiv und der Observat befinden sich auf einer Straßenbahn. Der Observat bezahlt, der Detektiv hat als kleinste „Münze" einen Fünfzigtausendmarkschein. Entweder kann der Schaffner nicht wechseln, der Detektiv muß aussteigen und der Verfolgte fährt davon. Oder der Schaffner sagt: „Sie haben wohl noch'n Ogenblick Zeit, nich wahr?" und verschwindet im Wagen unter den Fahrgästen. Ehe der Schaffner wieder aus der Menschenmenge aufgetaucht ist, ist der Observat abgesprungen und hat den Detektiv in qualvoller Wahl zurückgelassen, entweder den Fünfzigtausendmarkschein oder den Observaten im Stiche zu lassen.

Nun zum „großen" Geld. Der Observat geht in ein Nachtlokal. In einem Nachtlokal sind immer halbnackte, junge, sehr hübsche Mädchen, die durch ihre Schönheit und ihre Reize auch den bravsten Spießbürgerehegatten zu einem Ehebruch verleiten können. Da ist es nun unbedingt erforderlich, daß der Detektiv mitgeht. Das kann er aber nur, wenn er mindestens fünfzig- bis hunderttausend Mark einstecken hat. Denn in solchen Nachtlokalen gibt es nur Sekt, von dem die Flasche viele tausend Mark kostet. Dies ist nun ein besonders krasser Fall, denn in einem Nachtlokal werden immer Wucherpreise verlangt. Aber auch in jedem besseren Weinlokal oder Likörstübchen kann man mit Leichtigkeit einen Zehntausender loswerden.

Oder: Der Observat nimmt sich ein Auto. Der Detektiv muß nun, wenn es die Umstände erfordern, hinterher fahren. Der Observat fährt vielleicht zu seiner Geliebten, wo ihm event. ein Ehebruch nachgewiesen werden kann. Der Detektiv mit zehntausend Mark in der Tasche kann es bei der jetzigen erhöhten Taxe nicht riskieren, sich seinerseits ein Auto zu nehmen und muß diese Gelegenheit zur Überführung des Observaten vorüberstreichen lassen.

Der Detektiv hat daher das gute Recht, vom Mandanten Spesenvorschuß zu verlangen, und dieser die Pflicht, dem Detektiv diesen zu gewähren[1]).

---

[1]) § 669 BGB. Der Auftrag des Detektivs richtet sich nach den Regeln über die Geschäftsbesorgung, § 675 BGB., auf die wiederum der § 669 BGB. Anwendung findet.

13. Zigarren und Zigaretten.

Bei Ermittlungen wird dieses beliebte Bestechungsmittel oft gebraucht. Ein Portier z. B. wird beim Anblick einer Zigarre sehr gesprächig werden. Aber auch zum Selbstgebrauch sind Rauchwaren sehr nötig — zum Zeitvertreib und um das Einschlafen bei langem Warten des Nachts zu verhindern. Wenn der Detektiv z. B. eine ganze Nacht hindurch vor einem Hause stehen muß, so wird ihm der Genuß einer Zigarre die Zeit vertreiben und ihn wach halten. Der Detektiv kommt auch öfters in Verlegenheit, aus der er sich durch das Anzünden einer Zigarette sehr leicht retten kann. Nehmen wir an, er verfolgt einen Mann auf einer vollständig menschenleeren Straße. Er wird es manchmal nicht vermeiden können, daß der Verfolgte ihn sieht. Bleibt nun der Verfolgte plötzlich stehen, so ist der Detektiv gezwungen, nach einer Weile ebenfalls stehen zu bleiben, um den Verfolgten nicht aus den Augen zu verlieren. Dieses Stehenbleiben kann er dem Observaten gegenüber sehr gut durch das umständliche Anzünden einer Zigarette motivieren. Ein anderer Fall: In einem Nachtlokal verkehrte ein gesuchter Betrüger. Da das Nachtlokal nicht jeden Abend in Betrieb war, wollte ich feststellen, ob es in der betreffenden Nacht Betrieb hatte, um dann mit der Schupo zusammen das Nest auszuheben. Die Feststellung war nur zu machen, indem ich mich in das Haus schlich und vom Hofe aus nach den Fenstern des Lokals blickte. Es war 4 Uhr morgens und die Haustür stand offen. Nun muß man hierbei sehr vorsichtig sein, da vor dem Hause oder in dem Flur sogenannte Spanner stehen, welche auf ihnen verdächtig erscheinende Personen aufzupassen haben. Ich hatte keine Taschenlampe bei mir, der Flur war dunkel und ich konnte nicht wissen, ob in ihm Spanner standen. Ich stellte mich deshalb betrunken und torkelte langsam die Straße herunter dem Hause zu. Vor der Haustür brannte ich mir ein Streichholz an, um die Zigarette in Brand zu setzen. Als ob großer Wind wäre, verlöschte ich es absichtlich mehrere Male und trat dann in den Hausflur, um sie dort, bei Windstille, anzuzünden. Beim Aufflammen des Streichholzes konnte ich nun feststellen, — was ich festzustellen wünschte.

Wenn man Zigarren zu Bestechungszwecken kauft, so darf man nicht zu knauserig sein. Man schafft sich mehr Feinde, wenn man schlechte Zigarren, als wenn man gar keine verschenkt.

14. Würfelzucker und Schokolade.

Dies trägt man nicht bei sich, um Kinder damit zu bestechen. Kindern gibt man Geld, sie wissen es jetzt sehr wohl zu schätzen. Man braucht es zu eignem Bedarf. Bei längeren Beobachtungen, bei denen man nicht in der Lage war, in einem Lokal etwas zu essen oder zu trinken, bekommt man naturgemäß Hunger. Hunger löst seinerseits wieder ein Gefühl der Schwäche, Unlust und Energielosigkeit aus. Dem kann man vorbeugen, indem man von Zeit zu Zeit ein Stück Zucker zu sich nimmt. Gegen Durst hilft bittere Schokolade oder Pfefferminz. Eine Tafel Schokolade stillt den Hunger ebenso, wie vier belegte Scheiben Brot.

Diese angegebenen vierzehn Punkte kann man als das tägliche Werkzeug des Detektivs betrachten. Sollte doch zu einem Fall noch ein besonderer Gebrauchsgegenstand vonnöten sein, so wird dies dem Detektiv rechtzeitig, sei es vom Chef, sei es vom Mandanten, gesagt werden.

V. Aufträge.

A. Zivilsachen.

a) Allgemeines.

Der erste Auftrag, den der junge, neu eingetretene Detektiv erhalten wird, wird meistens eine Beobachtung sein. Daraus folgt, daß die Beobachtung der leichtere der beiden Zivilsachenaufträge ist. Doch gibt es zuweilen auch schwierigere Fälle dieser Art. Die Beobachtung ist ungleich anstrengender und mühevoller, als die Ermittlung, und — was das schlimmste ist — sie ist manchmal ausgesprochen stumpfsinnig, was bei einer Ermittlung nie der Fall sein kann. Diese erfordert viel Schlauheit, Menschenkenntnis und Nachdenken, während die Beobachtung lediglich Ausdauer, Geduld, Geistesgegenwart und Gewandtheit erfordert.

Unter den vielen verschiedenen Beobachtungen, die ein Detektiv zur Bearbeitung erhält, hebe ich folgende als die wichtigsten hervor:

1. Beobachtung des Ehegatten, sei es durch den anderen Gatten[1]) oder durch die Schwiegereltern.

2. Beobachtung der Kinder durch die Eltern oder ihre Geschwister, namentlich um festzustellen, wo sie verkehren und ob sie Liebschaften unterhalten.

3. Beobachtung des Verlobten durch die Braut und umgekehrt, auch durch die Eltern des oder der Verlobten.

4. Beobachtung der Geliebten durch ihren Unterhalter.

5. Beobachtung des Käufers durch den Verkäufer, um festzustellen, ob ersterer zahlungsfähig ist, oder wenn der Käufer auf sonstige Art das Mißtrauen des Verkäufers erregt hat.

6. Beobachtung des Günstlings durch den Gönner, um festzustellen, ob ersterer das Geld des Gönners zu dem dazu bestimmten Zweck verwendet.

7. Beobachtung des Untergebenen durch den Vorgesetzten, um sich über die Lebensweise und das sittliche Verhalten des Angestellten oder Untergebenen zu orientieren.

Das sind sieben Beispiele der zivilrechtlichen Beobachtung. Es kommen natürlich auch die umgekehrten

---

[1]) Aufträge dieser Art sind natürlich wie auch die meisten anderen Beobachtungen mit entsprechenden Ermittlungen verbunden.

Fälle vor. Doch sind dies seltene Ausnahmen, die für gewöhnlich durch schweres, begründetes Mißtrauen, durch Rachsucht oder sträfliche Neugierde herbeigeführt werden, teilweise auch von strafrechtlichem Interesse sind.

1. Technik der Beobachtung.

Als Hauptregel ist zu beachten:

Möglichst unsichtbar
für den zu Beobachtenden bleiben!

Solange der Observat nichts gemerkt hat, ist die Beobachtung nicht schwierig. Hat jedoch der Beobachtete einmal wegbekommen, daß er beobachtet wird, dann wird er auch allerlei Kniffe und Tricks versuchen, um seinen Beobachter abzuschütteln. Und daß man in einem solchen Falle seine Aufmerksamkeit verzehnfachen und auf alles gefaßt sein muß, ist selbstverständlich.

Jede Beobachtung hat nun ihren Ausgangspunkt. D. h.: der Mandant gibt an, wann der zu Beobachtende seine Wohnung oder sein Geschäft, oder den Ort, an dem er sich an mehreren oder an einem bestimmten Tage aufhält, verläßt. Zuweilen kommt es auch vor, daß der Detektiv den Observaten am Bahnhofe erwarten muß. In diesem Falle ist es unerläßlich, daß zwei Detektive die anfängliche Beobachtung übernehmen. Denn erstens haben die Bahnsteige auf Großstadtbahnhöfen meistens zwei Ausgänge, die ein Detektiv nicht zu gleicher Zeit überblicken kann, und zweitens, auch wenn nur ein Ausgang vorhanden ist, ist es immerhin sehr schwer, die aus der Sperre strömenden Menschen zu überblicken. Es empfiehlt sich nicht, eine Bahnsteigkarte zu lösen und den Observaten innerhalb der Sperre zu erwarten, da sich sehr leicht andere Menschen zwischen Detektiv und Observaten drängen, deren Kartenabgabe an der Sperre manchmal, z. B. bei Nachzahlungen und Reklamationen, sehr viel Zeit in Anspruch nimmt, währenddem der Observat längst in der Menschenmenge untergetaucht ist. Am vorteilhaftesten ist es, wenn sich je ein Detektiv links und rechts der Sperre außen hinstellt und auf diese Weise jeden Herauskommenden genau mustert. An manchen Bahnhöfen führt eine Treppe zu den Bahnsperren, auf der es verboten ist, sich aufzuhalten. Da werden sich die Detektive unten an der Treppe, rechts und links, aufstellen und die Herunterkommenden mustern. Gewöhnlich sind diese Treppen durch ein Geländer in zwei Hälften zerlegt, so wird also der linksstehende Detektiv die linke, der rechtsstehende die rechte Hälfte beobachten. Dies ist vorher ausdrücklich zu vereinbaren. Ist der Observat identifiziert, so ist zur Fortsetzung der Beobachtung nur ein Detektiv nötig.

2. Identifizierung.

α) Identifizierung mit Photographie.

Ein Bild des Observaten wird der Mandant in den meisten Fällen dem Detektiv zur Verfügung stellen können. Ich widerspreche der Behauptung einiger Kriminalisten, welche besagt, daß es unmöglich sei, nach der Photographie eine unbekannte Person zu identifizieren, indem ich sage: Je älter der Betreffende ist, desto leichter ist die Identifizierung.

Gewiß, bei Jugendlichen, besonders bei Kindern, ist es schwer, wenn nicht unmöglich. Bei Kindern sind gewisse Gesichtspartien noch nicht ausgeprägt, Kinder haben keine besonderen Kennzeichen wie: Kneifer, Brillen, Bärte, Glatzen, Schmisse, graues Haar.

Dagegen ist es bei Erwachsenen – und um die handelt es sich ja in der Hauptsache – sehr gut möglich, sie aus ihrer Photographie zu identifizieren, allerdings mit Vorbehalt: verläßt der Betreffende inmitten einer größeren Menschenmenge (bei Bahnhöfen, Fabriken, Warenhäusern, größeren Ämtern) den fraglichen Ort, so ist es sehr schwer. Es kommt hier viel auf die Veranlagung des Detektivs an. Man muß ein gutes Physiognomiengedächtnis haben, dann gelingt es auch unter den schwierigsten Umständen.

Natürlich muß man bei derartigen schwierigen Identifizierungen möglichst systematisch vorgehen.

Kommt der Observat aus seiner oder aus einer fremden Wohnung heraus, aus Restaurants, kleinen Geschäften, Büros usw., so ist eine solche Identifizierung leichter. Die Hauptsache ist, daß man bei der Observation die Photographie stets bei sich trägt, und daß man sich genau einprägt:

a) Körpergröße,

b) Figur,

c) Gesicht,

d) Kennzeichen (Brille, Kneifer, Schmisse usw.),

e) Haarfarbe,

f) Gesichtsfarbe,

g) körperliche Gebrechen und auffallende Merkmale.

Auch soll man feststellen, zu welcher Sorte Menschen der Betreffende gehört, also ob er abgerissen, einfach, elegant oder stutzerhaft gekleidet ist[1]).

β) Identifizierung ohne Photographie nach Beschreibung.

Es kommt oft vor, daß der Auftraggeber nicht in der Lage ist, dem Detektiv eine zweckentsprechende Photographie zur Verfügung zu stellen. Er wird dann eine genaue Beschreibung des zu Beobachtenden geben, und zwar:

aa) gibt er genau an, was der Observat an dem Tage, an welchem seine Beobachtung beginnen soll, für Kleidung trägt, oder was er bei sich führt (Mappe, Blumen, Stock, Handtasche, Schirm, Muff, Hund, Paket, Handschuhe). Oder

bb) er gibt an, was er anhaben könnte, also eine an Wahrscheinlichkeit grenzende Vermutung. Es kommt hier das Wetter, das Geschlecht und der Stand in Frage. Der Detektiv wird gut daran tun, sich in diesem Falle nach Möglichkeit die Überkleidungsstücke des Observaten aufzählen und sie beschreiben zu lassen.

---

[1]) Zum eingehenden Studium ist zu empfehlen: Schneickert, Signalementslehre, 2. Aufl. München 1922. (J. Schweitzer Verlag.)

Am leichtesten ist die Identifizierung nach Beschreibung besonders im Winter. Ohrenschützer, Pelzkragen, Pelzmützen, Pelzgarnituren, vor allem in den jetzt modernen hellen Farben (weiß, grau, gelb), erleichtern das Erkennen ungemein. Auch haben die meisten Menschen nur einen, höchstens zwei Wintermäntel.

Gewöhnlich wird die Beschreibung lauten: „Er hat entweder dies an, oder jenes." Der Detektiv wird sich beide Möglichkeiten genau notieren und sie sich einprägen.

γ) Identifizierung ohne Photographie und ohne Beschreibung.

Ein Beispiel aus meiner Praxis, das die Technik der Identifizierung ohne Beschreibung und Photographie am besten erläutert:

Zu beobachten war ein Zahnarzt. Keine Photographie, keine Beschreibung. Ich veränderte mich also etwas in meinem Aussehen, setzte eine Hornbrille auf usw., ging während der Sprechstunde zu ihm und ließ mir die Zähne nachsehen. Dabei konnte ich ihn mir genau ansehen, so daß ich ihn, als er nach zwei Stunden das Haus verließ, sofort wiedererkannte.

Hier sind anfänglich unter allen Umständen zwei Detektive vonnöten. Der eine besucht den Observaten. Dann wartet er vor dem Hause, natürlich gut versteckt, mit dem anderen Detektiv, bis der Observat das Haus verläßt. Der erste Detektiv kennt ihn sofort wieder und zeigt ihn seinem Kollegen. Dieser verfolgt den Observaten weiter, während der andere Detektiv frei wird. — —

Nun die Beobachtung selbst. Soll der Observat z. B. aus einer Fabrik kommen, so wird man sich in unmittelbarer Nähe des Tores aufstellen, so daß man jeden, geht er nun nach rechts oder nach links ab, sehen kann.

Ist die Straße sehr breit, dann sind meistens Bäume vorhanden. Hinter einem solchen Baum stellt man sich auf, unmittelbar vor dem Eingang.

Sind keine Bäume vorhanden, so stellt man sich vielleicht hinter einen Wagen, oder, falls ein solcher nicht vorhanden ist, entweder etwas seitwärts oder auf die andere Straßenseite. Steht man ohne Deckung, so kann man eine Zeitung lesen. Doch soll man jede Auffälligkeit vermeiden.

Diese Methoden sind nur anzuwenden, wenn der Observat inmitten einer großen Menschenmenge den Ausgangsort verläßt. Kommt er allein, oder nur mit wenigen zusammen heraus, so ist eine andere Taktik anzuwenden: Man stellt sich dann auf die andere Straßenseite etwas seitwärts auf. Sehr gut ist es, wenn man scheinbar nach einer ganz anderen Richtung sieht, als nach der, aus der der Observat kommen soll. Natürlich darf man trotzdem dabei den Ausgang nicht außer acht lassen, im Gegenteil, man soll nur den Kopf in eine andere Richtung nehmen und mit den Augen stets nach dem Ausgang schielen. Dies ist ein kleiner Kniff, den man bei jeder Beobachtung mit

Erfolg anwenden kann. Niemals soll man den Observaten mit geradem Blick ansehen.

Hat man nun den Mann identifiziert, d. h. einwandfrei festgestellt, daß alle vom Mandanten angegebenen Merkmale auf den Observaten zutreffen, so beginnt nun die eigentliche Beobachtung.

Über die Identifizierungsmerkmale ist noch zu sagen: Es genügt nicht, wenn der Mandant z. B. sagt, der Observat habe u. a. einen hellen Pelzkragen, jeden Mann, der einen hellen Pelzkragen trägt, für den Gesuchten zu halten. Nein, alle angegebenen Merkmale müssen zutreffen, und je mehr Merkmale angegeben sind, desto größer wird die Wahrscheinlichkeit einer einwandfreien Identifizierung. Edgar Allan Poe, der Meister der Kriminalphilosophie, hat über dieses Thema im „Mord an der Marie Roget" sich ausführlich ausgelassen, und ich empfehle deshalb die Lektüre dieses Romans aufs dringendste.

Im Anfange der Beobachtung ist es wertvoll, wenn man sich in möglichster Nähe des zu Beobachtenden aufhält, damit man den Observaten erst richtig kennen lernt, d. h. sein Benehmen, seine Gangart, Körpergröße usw. einprägt.

Im folgenden will ich nun die bei Beobachtungen vorkommenden Fälle näher besprechen.

3. Laufen.

α) Laufen auf belebten Straßen mit zwei Fußsteigen.

Der Detektiv geht hinter dem Observaten etwa fünfzehn bis zwanzig Meter entfernt auf dem andern

Fußsteig. Den Observaten fest im Auge behalten! Immer am Rande des Fußsteigs gehen, damit möglichst selten die Aussicht durch vorbeigehende Menschen gestört wird. Nur dann auf demselben Fußsteig wie der Observat gehen, wenn die Aussicht durch ein Hindernis dauernd, oder doch auf lange Zeit gesperrt ist. (Absperrungen, Bauten, Straßenbahnreihen bei Stromversagung, vorbeimarschierende Soldaten oder Demonstranten.)

β) **Laufen auf belebten Straßen mit einem Fußsteig.**

In unmittelbarer Nähe des Observaten gehen, etwas seitlich, ungefähr fünf Meter Abstand, Deckung hinter Passanten nehmen.

γ) **Laufen auf menschenleeren Straßen.**

Die Aussicht ist stets besser, wenn man auf der anderen Seite geht. Doch empfiehlt es sich auf leeren Straßen, um keine Aufmerksamkeit zu erregen, denselben Fußsteig zu benutzen. Zur Deckung unmittelbar an der Häuserreihe entlang gehen, oder zwischen den Bäumen. Sieht sich der Beobachtete um, so soll man nicht schnell in ein Haus oder hinter einen Baum springen, wie Wulff[1]) angibt. Es ist immer die Möglichkeit vorhanden, daß der Observat das schnelle Beiseitespringen sieht, was sein höchstes Mißtrauen erregen könnte. Eher soll man ganz harmlos weitergehen, aber entweder in die Zeitung oder nach

[1]) a. a. O.

einer anderen Richtung sehen. Je harmloser man sich stellt, um so schwerer kann der Observat mißtrauisch werden.

δ) Laufen in Parken, Gärten, Anlagen und Wäldern.

Niemals auf Rasenflächen, hinter Gebüschen usw. gehen! Das erregt stets das Mißtrauen der Passanten und man kommt leicht in Konflikt mit den Parkwächtern. Großen Abstand halten! Leichte Schuhe und Gummiabsätze sind, wie zu jeder anderen Beobachtung auch, hier ganz besonders von Wert. Nach Nr. 5 der Ausbildungsvorschläge (siehe oben) ist gründliche Kenntnis der örtlichen Anlagen usw. verlangt. Die Kenntnis der Wege eines Parkes ist also von größter Wichtigkeit. Es laufen oft Wege parallel, die man nach Möglichkeit benutzen soll, d. h. natürlich den, den der Observat nicht geht. Größte Aufmerksamkeit! Verhindern Baumgruppen oder Büsche die Aussicht, so soll man im Laufschritt an diesen Hindernissen vorbeizukommen suchen, um den Observaten wieder in seinen Gesichtskreis zu bekommen. Da solche Anlagen gewöhnlich nicht sehr belebt sind und man den sich begegnenden Menschen eine größere Aufmerksamkeit schenkt, so hat der Detektiv darauf zu achten, seinem Observaten niemals zu begegnen. Manchmal ist jedoch durch einen unglücklichen Zufall eine Begegnung unvermeidlich. In diesem Fall soll der Detektiv den Observaten nicht anstarren, aber auch nicht konsequent wegsehen und ihn überhaupt nicht beachten. Beides erregt Mißtrauen. Denn wenn man in einem menschenleeren Parke einem Menschen begegnet, so sieht man ihn zweifelsohne an. Der Detektiv soll also den Beobachteten mit einem gleichgültigen Blick streifen und dann wegsehen. Nicht unmittelbar nach der Begegnung sich umsehen! Erst wenn sich der Observat etwas entfernt hat, soll man ihm mit verdoppelter Vorsicht folgen, und vielleicht einen Parallelweg einschlagen.

4. Stehenbleiben.

α) Stehenbleiben auf belebten Straßen mit zwei Fußsteigen.

Bleibt der Observat stehen, so kann man ungeniert ebenfalls stehen bleiben, indem man sich an den Rand des Fußsteiges stellt und zu dem Beobachteten hinüberschielt, d. h. also scheinbar nach einer anderen Richtung sieht (s. o.).

β) Stehenbleiben auf belebten Straßen mit einem Fußsteig.

Am zweckmäßigsten ist es, sich ein Schaufenster anzusehen, oder sich in einen Hauseingang zu stellen. Jedoch nicht verstohlen aus der Tür hervorlugen, sondern sich ganz offen außen hinstellen, als erwarte man jemand! Geht der Observat weiter, so warte man vorerst noch eine Weile, dann folge man erst langsamer, bis man endlich das gleiche Tempo erreicht hat.

γ) Stehenbleiben auf menschenleeren Straßen.

Entweder Schaufenster ansehen, oder in eine Haustürnische stellen. Wo das nicht möglich ist, z. B. auf

Villenstraßen, Zigarette anzünden, Schuhsenkel festbinden, Taschenuhr aufziehen, oder langsam mit einer Zeitung in der Hand, scheinbar lesend, weitergehen. Überholt man den Beobachteten, was man jedoch tunlichst vermeiden soll, so muß man mit dem Taschenspiegel operieren (s. o.). Bleibt der Observat längere Zeit stehen, als ob er jemand erwarte, so muß man sich in Deckung stellen, also in einen Hauseingang, hinter einen Baum, Plakatsäule, Straßenecke usw.

δ) Stehenbleiben in Parken, Gärten, Anlagen und Wäldern.

Da die Entfernung zwischen Detektiv und Observat in diesem Falle eine möglichst große sein soll, so kann ein Stehenbleiben nicht genieren. Man stellt sich eben in Deckung. Setzt sich der Observat, so kann man sich auf eine Bank setzen, von der aus man ihn sehen kann, sofern eine solche in der Nähe ist. Sonst muß man sich in der Nähe des Observaten aufhalten, möglichst wenig dabei auf- und abgehen, da das Geräusch der Schritte Aufmerksamkeit erregt.

5. Fahren mit der Straßenbahn.

Drei Möglichkeiten sind vorhanden:

α) Warten an der Haltestelle.

Geschieht dies in einer belebten Gegend, so stellt man sich in der Nähe an ein Schaufenster oder in einen Hauseingang und beobachtet scharf die Bewegungen des Observaten, ohne sich sehen zu lassen. Kommt die

Bahn, so wartet man, bis er aufgestiegen ist, wobei man genau auf seinen Platz achtet. Erst, wenn der Wagen sich in Bewegung setzt, schwingt man sich auf. Es ist nämlich möglich, daß der Beobachtete aufsteigt, vom Schaffner aber erfährt, daß der Wagen nicht nach seinem gewünschten Ziele fährt, und dann wieder abspringt. Dann muß es natürlich auffallen, wenn der Detektiv ebenfalls wieder abspringt. Möglichst nicht in das Wageninnere treten, sondern immer unmittelbar am Ausgang stehen bleiben. Am zweckmäßigsten ist es, wenn man, falls zwei oder mehrere Wagen vorhanden sind, einen anderen Wagen benutzt als der Observat. Sonst soll man den anderen Perron benutzen. Der Detektiv soll stets die Ausgänge des Wagens, in dem sich der Observat aufhält, im Auge behalten, besonders scharf an den Haltestellen. Steigt der Beobachtete ab, so warte man, bis er völlig abgestiegen ist, und paßt auf, wohin er sich wendet. Erst dann steigt man ab. Denn man muß sich unbedingt erst genau über den Weg des Abgestiegenen informieren, ehe man selbst folgt.

In einer menschenleeren Gegend stelle man sich etwas abseits, indem man die Zeitung liest oder mit dem Taschenspiegel operiert.

β) **Plötzliches Aufspringen.**

Hier muß man es dem Observaten natürlich gleichtun. Doch soll man stets versuchen, den anderen Wagen oder Perron zu erreichen. Ist man gezwungen, denselben Perron zu benutzen, so muß man sich natürlich möglichst harmlos anstellen und vielleicht den Schaffner nach einer Straße fragen, von der man bestimmt weiß, daß sie von der Bahn berührt wird. Während der Fahrt soll man sich dann auf den anderen Perron stellen, so daß es dem Observaten nicht auffällt, wenn man an der gefragten Straße nicht absteigt.

γ) Nachlaufen und Aufspringen.

Hier soll man nicht ebenfalls nachrennen und aufspringen, sondern der Bahn möglichst unauffällig und nicht auf dem Fahrdamm, sondern auf dem Fußsteig folgen bis zur nächsten Haltestelle und dort aufspringen. Das ist nicht so unmöglich, wie es klingt und läßt sich, besonders in den Straßen der Stadt, sehr gut bewerkstelligen. Es beweist aber, daß man als Detektiv ein guter Läufer sein muß. Auffälligkeiten sind bei der Beobachtung stets zu vermeiden. Wenn man z. B. doch mit dem Observaten zusammen dem Wagen nachläuft, so soll man wenigstens nicht schneller rennen als er. Es kann sonst vorkommen, daß man selbst den Wagen erreicht, während der Observat die Verfolgung des Wagens aufgibt und zurückbleibt. Dann fährt man mit der Bahn davon; ehe man zurückkommt, ist der Observat längst verschwunden. Außerdem muß es ihm ja auffallen, wenn man mit ihm zugleich ein Wettlaufen hinter dem Wagen her veranstaltet, oder gar, wenn man sieht, daß er nicht mitkommt, wieder herabspringt.

Ich habe schon oben betont, daß sich Mangel an Kleingeld besonders bei der Straßenbahn fühlbar macht. Sofort bezahlen, wenn man aufgestiegen ist!

6. Fahren mit der Untergrundbahn.

An den meisten Untergrundbahnen besteht die Einrichtung der Kartenblocks. Einen solchen Block oder eine Anzahl Karten muß der Detektiv stets bei sich tragen, und zwar für die höchste Klasse und die weiteste Strecke. Auf diese Art ist er für alles gewappnet. Er braucht sich nicht vor dem Fahrkartenschalter anzustellen, kann jede Strecke fahren und in jede Klasse einsteigen. Es ist hier nichts weiter zu erwähnen, denn ein plötzliches Aufspringen oder Nachrennen kommt nicht in Frage. Es ist mit dem Observaten in den gleichen Wagen einzusteigen, denn bei dem Andrang und dem kurzen Aufenthalt auf den Stationen ist ein Überblicken der Aussteigenden unmöglich.

7. Fahren mit der Stadt-, Ring- und Vorortbahn.

Es empfiehlt sich auch hier stets eine Anzahl Fahrkarten oder eine Dauerkarte bei sich zu tragen, und in dasselbe Abteil einzusteigen.

Bei der Vorortbahn muß man sich unmittelbar hinter dem Observaten an den Schalter stellen und eine Station weiter als der Beobachtete, oder, wenn man die folgende Station nicht weiß, dieselbe Station verlangen. Der Detektiv muß sich also, wenn die Beobachtung sich in die Nähe eines Bahnhofes hinzieht, in möglichster Nähe des Beobachteten halten.

Der Mandant wird meistens in der Lage sein, sagen zu können, ob der Observat eine Dauerkarte für Stadt- und Vorortsbahnen hat. Ist dies der Fall, so hat sich der Detektiv eine Anzahl entsprechender Karten zu kaufen und stets bei sich zu tragen. Kann der Mandant darüber keine Auskünfte geben, so ist es mit seiner Hilfe zu ermitteln.

8. Fahren mit der Fernbahn.

Hier besteht einige Schwierigkeit. Die Handlungsweise des Detektivs wird sich meistens aus der vorhergehenden Beobachtung ergeben. Entweder man beobachtet, daß sich der Observat ein oder zwei Tage vorher die Karte in einem Reisebüro oder auf dem Bahnhofe holt. Dann wird man hingehen und zu ermitteln suchen, welches Reiseziel er angegeben hat. Doch soll man sich zunächst noch keine Fahrkarte holen, denn erstens besteht die Möglichkeit, daß der Observat die Fahrkarte für eine andere Person holt, und zweitens muß man abwarten, ob der Mandant eine Reiseverfolgung wünscht. Ist dies der Fall, dann wird man an dem Tage, an welchem der Observat, zur Reise gerüstet, seine Wohnung verläßt, sich die Fahrkarte holen. Dabei kann man ihn ruhig außer acht lassen, denn am Zuge wird man ihn schon wiederfinden.

Kommt jedoch die Abreise ganz plötzlich, und ist es dem Detektiv nicht möglich gewesen, das Reiseziel zu erfahren, dann versucht man entweder bei der

Gepäckaufgabe das Reiseziel zu ermitteln, oder, wenn das nicht möglich ist, löst sich eine Karte bis zur nächsten größeren Station, die der Zug des Observaten berührt, und steigt in dasselbe Abteil. Man setzt sich recht gemütlich und höflich ihm gegenüber und beginnt ein Gespräch, in dessen Verlauf man das Reiseziel[1]) zu erfahren sucht. Ist das Reiseziel weiter als das der Fahrkarte des Detektivs, dann löst man im Zuge beim Schaffner nach. Ist der Observat bei der Nachlösung zugegen, so nimmt man eine Station, die weiter entfernt liegt als die des Beobachteten, sofern dessen Station nicht eine Großstadt oder die Endstation ist.

Am Reiseziel angekommen, muß man nach Möglichkeit sein Aussehen verändern, um einem Wiedererkennen aus dem Wege zu gehen.

9. Fahren mit dem Omnibus.

Siehe Straßenbahn.

10. Fahren mit dem Autobus.

Im allgemeinen wird man handeln müssen, wie bei der Straßenbahn. Beim Überlandomnibus setze man sich möglichst entfernt vom Beobachteten und bezahle die ganze Strecke.

---

[1]) Vgl. auch das Werkchen: „Kriminalpolizeiliches Forschen und Kundschaften" von Dr. Anuschat, Abschnitt: „Vorwände und Anknüpfungen". (Verlag von S. Gerstmann, Berlin W 10.)

11. Fahren mit der Mietsdroschke.

Es kommt sehr oft vor, daß der Observat eine Droschke nimmt und davonfährt.

Es ist nicht immer das Richtige, ebenfalls eine Droschke zu nehmen und nachzufahren. Auffallend ist das immer, ganz abgesehen davon, daß es viel Geld kostet.

Besteigt z. B. der Beobachtete mit viel Gepäck am Bahnhof eine Droschke, so ist es sehr leicht möglich, der Droschke teils mit der Straßenbahn, teils zu Fuß im Laufschritt zu folgen, wie ich es unten in einem Berichte von mir zeigen werde. Nur im äußersten Falle soll man selbst eine Droschke (besser noch ein Elektromobil) nehmen. Vor allem merke man sich die Nummer der Droschke des Observaten, wenn er sie besteigt[1]).

Sollte man auf der Verfolgung die Droschke verlieren, so kann man leicht den Aufenthalt durch die Nummer feststellen und den Kutscher dann befragen, wohin er die Gäste gefahren hat.

---

[1]) Bei dieser Gelegenheit kann man auch das Ziel der Fahrt erfahren, vorausgesetzt, daß man nahe genug dabei steht. Ebenso bei Automobilen. Unsicher ist dies insofern, als man nicht weiß, ob der Fahrgast sein Ziel unterwegs ändert, was nicht selten vorkommt. Billiger ist es auf jeden Fall, wenn man auf diese Art das Ziel mit der Straßenbahn zu erreichen sucht. Sicherer ist es jedoch, im Auto nachzufahren. Fährt man mit der Straßenbahn hin, so riskiert man übrigens, daß man zu spät kommt und der Observat inzwischen wieder abgefahren ist.

Wulff[1]) bringt eine seidene Schnur, die an einem Ende mit einem Karabinerhaken versehen ist, und mit der man sich an den Wagen hinten anhängen und als blinder Passagier mitfahren soll. Dies ist sehr schön im Film und im Roman zu bewerkstelligen, aber nicht im praktischen Leben, in der Großstadt höchstens in der Zeit zwischen 3 bis 5 Uhr morgens, wenn die wenigsten Menschen auf der Straße sind, oder während eines Schupo-Streiks. Selbst auf dem Lande ist es ein Risiko, sich an den Wagen zu hängen. Wird man einmal bemerkt, dann ist eine weitere Verfolgung sehr erschwert. Ein gutes Fahrrad ist auf jedem Fall der seidenen Schnur vorzuziehen.

12. Fahren mit dem Mietsauto.

Hier bleibt einem, wenn man nicht in der oben beschriebenen Weise das Ziel erfahren hat, nichts anderes übrig, als mit einem Auto hinterher zu fahren, auch kann man ein Fahrrad benutzen; doch ist es fraglich, ob man mit diesem nachkommen kann.

Hält das verfolgte Auto, so läßt man etwa 20 Meter rückwärts auf der anderen Straßenseite möglichst vor einer Haustür ebenfalls halten und beobachtet den Verfolgten, ohne selbst auszusteigen. Bezahlt dieser sein Auto und läßt er es fortfahren, so tut man dasselbe. Wartet jedoch das Auto, so läßt man sein Auto ebenfalls warten. Der Observat muß, falls er in ein Haus geht, verfolgt werden.

---

[1]) a. a. O. S. 34.

In Berlin, wo es zwei Arten von Automobilen gibt, muß man darauf achten, ob der Verfolgte ein Automobil (mit Motorantrieb durch Benzin) oder ein Elektromobil (mit elektrischem Antrieb) nimmt. Bei den Elektromobilen steht an der Seitennummer ein kleines Schild mit der Aufschrift „Elektrisch". Man soll es vermeiden, ein Elektromobil zu nehmen, wenn der Observat ein Automobil benutzt. Denn ein Elektromobil kann nicht die Schnelligkeit entwickeln wie ein Automobil. Sonst aber, wenn der Observat eine Elektromobil oder eine Droschke nimmt, soll man stets ein Elektromobil vorziehen, denn diese haben eine fast geräuschlose Fahrt, so daß man ihr Nahen auf Asphalt z. B. nicht leicht wahrnehmen kann.

13. Eigenes Pferdefuhrwerk.

Hier hilft am besten ein Fahrrad. Und zwar sind hier zwei Detektive vonnöten. Einer zu Fuß und einer mit Rad. Geht der Observat zu Fuß aus, so folgt ihm der eine Detektiv ohne Rad, während sich der andere an einem Ort aufhält, wo er telephonisch erreichbar ist. Kommt der Observat nach Hause, so ruft der beobachtende Detektiv den Radfahrer telephonisch vor das Haus, um bereit zu sein, falls der Observat ausfährt. Der Radfahrer muß anständig angezogen sein (also keine kurzen Hosen und Wickelgamaschen), damit er jederzeit in der Lage ist, dem Observaten auch in die feinsten Lokale zu folgen. Das Rad muß anschließbar und unauffällig sein und eine große Übersetzung besitzen.

Auf dem Lande bleibt nur das Fahrrad, mit dem man in angemessener Entfernung folgt. Doch könnte hier ein routinierter Detektiv, allerdings nur nachts, mit der seidenen Schnur operieren. Im Augenblick des Abfahrens wird diese hinten am Wagen festgehakt. Dann setzt man den Fuß in die Schlinge und fährt mit. Einige Meter vor dem Ziel springt man ab und verbirgt sich.

14. Eigenes Automobil.

Wenn die Beobachtung in einer Großstadt stattfindet, der Detektiv ein gewandter Radfahrer ist und das Rad eine große Übersetzung hat, so kann man es getrost wagen, die Beobachtung mittels eines Fahrrades auszuführen. Sonst bleibt nichts anderes übrig, als sich ein Mietsauto zu nehmen, das dem Detektiv für die Dauer der Beobachtung zur Verfügung steht.

15. Fahrrad.

Hier kommt es auf das Alter des Observaten an. Je älter er ist, desto langsamer und vorsichtiger fährt er. In diesem Fall kann man ihm zu Fuß folgen, sonst mit der Droschke oder Elektromobil, falls man selbst kein Fahrrad zur Hand hat. Wenn man ungefähr weiß, welche Straßen er fährt, kann man ihm auch, mit Unterbrechung, mit der Straßenbahn folgen.

16. Motorrad.

Eine Verfolgung ist in der Großstadt zur Not mittels eines leichten Fahrrades möglich. Hat der

Observat ein schweres Motorrad, so muß man entweder ebenfalls ein Motorrad, oder aber ein Auto nehmen. Leichte Motorräder oder Fahrräder mit Hilfsmotor können mit einem Fahrrad verfolgt werden.

17. Pferd.

Einem Reiter kann man zu Fuß und zu Pferde folgen. Es kommt darauf an, wann er ausreitet. Morgens gegen 7 oder 8 Uhr ist es meist nur ein Morgenspazierritt in gewissen Parken, wo Reitwege vorhanden sind. In einem solchen Falle kann man zu Fuß folgen, wenn eine Verfolgung überhaupt wünschenswert ist. Sieht man aber an der Aufmachung, daß der Ritt länger dauert, wenn z. B. eine größere Gesellschaft ausreitet oder bei Schnitzeljagden, so muß man mit dem Rade folgen. Am besten ist es natürlich, man folgt ebenfalls zu Pferde.

18. Flugzeug.

Man soll, auch wenn man nur Angestellter ist, möglichst sparen und unnötige Kosten vermeiden. Unnötige Kosten entstehen aber, wenn man sich ein Flugzeug mietet und dem Observaten nachfliegt. Wenn man sieht, daß er fliegen will, so muß man, wenn der Apparat aufgestiegen ist, eben einwandfrei feststellen, ob der Observat drinsitzt. Hat man es nicht mit eigenen Augen gesehen, so erkundigt man sich in dem Büro der Luftreederei, das sich am Flugplatze befindet. Dort erfährt man auch das Ziel der

Luftreise. Man telephoniert oder telegraphiert nun „dringend" (sonst ist der Apparat eher dort, als das Gespräch oder die Depesche) an ein besseres Detektivbüro der betreffenden Stadt und beauftragt es, den Beobachteten vom Flugplatz „abzuholen", indem man genaue Personalbeschreibung angibt. Dann fährt man mit der Eisenbahn hin und löst den Detektiv des dortigen Büros ab.

Besteigt der Observat ein Flugzeug, das regelmäßig dieselbe Strecke fliegt (z. B. Hamburg—Berlin—Dresden und zurück, im Sommer Berlin—Warnemünde und zurück), so kann man gegebenenfalls mitfliegen, denn hier ist der Fahrpreis etwas billiger. Doch wird man es in den meisten Fällen vorher (z. B. beim Kartenkauf) erfahren und kann die Zielstadt schon vorher mittels D= oder Luxuszuges erreichen.

19. Luftschiff.

Der Friedensvertrag von Versailles sagt zwar im Artikel 202: „Mit Inkrafttreten des gegenwärtigen Vertrages ist . . . auszuliefern: . . . . Die flugfähigen Lenkluftschiffe, ebenso solche, die sich in Herstellung, Ausbesserung oder Aufbau befinden." Gemäß diesen Bestimmungen sind unsere beiden letzten Passagierluftschiffe „Nordstern" und „Bodensee" ausgeliefert worden. Damit ist aber noch lange nicht gesagt, daß wir nie wieder Luftschiffe haben werden. Im Gegenteil, das kann schneller gehen, als die Meute unserer Feinde denkt. Und für diesen Fall möchte ich das Kapitel über das Verhalten des Detektivs, wenn der Observat mit dem Luftschiff fährt, nicht umgehen. Haben wir wieder Passagierluftschiffe, dann werden diese sehr in Anspruch genommen werden und der Detektiv wird oft in die Lage kommen, den Observaten im Luftschiff davonfliegen zu sehen.

Vor allem muß er sich mit dem Mandanten ins Einvernehmen setzen, ob dieser wünscht, daß der Detektiv mitfährt. Ist dies nicht der Fall, so hat er zu handeln, als wenn der Observat im Flugeug fortgefahren wäre.

Fährt der Detektiv mit, so muß er unter allen Umständen versuchen, in dieselbe Kabine zu kommen, wie der Observat. Die Luftfahrt bringt fremde Menschen einander näher, und der Detektiv darf diese Gelegenheit, den Observaten auszuhorchen, nicht unbenutzt lassen.

20. Luftballon.

Hier handelt es sich um Forschungs- und Vergnügungsfahrten, also nicht um eigentliche Reisen. Ein Mitfahren ist für den Detektiv also von vornherein ausgeschlossen. Auch wird er nicht erfahren, wohin die Reise geht, weil es die Insassen selbst nicht wissen. Er hat hier zu ermitteln, wer der Unternehmer des Fluges ist. Meist wird dies ein Verein oder eine Reederei sei. Die Insassen des Ballons telegraphieren nun sofort nach der Landung an den Unternehmer und zeigen ihm an, wo sie gelandet sind. Verunglückt der Ballon, so wird der Unternehmer dies auch von der

Polizeibehörde des Unglücksortes erfahren. Der Detektiv muß also vom Unternehmer den Landungsort zu erfahren suchen. Dann telephoniert er an ein Detektivbüro der dem Landungsort nächstgelegenen Stadt. Dieses hat einen Beamten nach dem Ort zu senden, dem es nicht schwer sein wird, die Balloninsassen feststellen zu und sie zu beobachten.

21. Ruderboot.

Auf Teichen kann man das Boot vom Ufer aus beobachten, ebenso auf Flüssen. Auf Seen und Meeren muß man sich ebenfalls ein Ruderboot nehmen.

22. Segelboot.

Auf Flüssen ist Beobachtung vom Ufer aus möglich. Auf Seen und Meeren muß man entweder mit einer leichten, kleinen, aber schnellen Jacht, oder im Motorboot folgen.

23. Motorboote

sind im Motorboot zu verfolgen. Großen Abstand halten, mit dem Fernstecher operieren!

24. Flußdampfer.

Man kann am Ufer mit dem Rade folgen. Besser ist es, mitzufahren.

25. Binnenseedampfer.

Die Verfolgung hat hier keine Schwierigkeiten. Man löst eben dieselbe Karte wie der Observat und setzt sich in seine Nähe. Schwierigkeiten entstehen erst, wenn der Observat innerhalb eines Vereins, der den ganzen Dampfer gemietet hat, fährt. Kann man sich nicht unter den Vereinsmitgliedern mit einschmuggeln, dann muß man mit dem Motorboot fahren. Ist keines in der Nähe, so muß man mit den Schiffsbeamten reden und versuchen, gegen angemessene Vergütung mitzufahren. Ist auch das erfolglos, so ermittelt man eben den Bestimmungsort des Dampfers (meist ein bekannter Ausflugsort) und sucht von einem Vereinsmitglied das Ziel des Vereins zu erfahren, falls dieser noch einen Spaziergang macht. Man könnte dann, falls keine andere Verbindung vorhanden ist, mit einem gemieteten Boot oder mit dem Rad hinfahren.

26. Überseedampfer.

Wünscht der Mandant, daß der Observat auch verfolgt werden soll, wenn er auf einem Überseedampfer Passage nimmt, so muß der Detektiv feststellen, welchen Dampfer der Observat benutzen will. Hat er den Namen des Dampfers, so muß er dessen Reeder feststellen. Das erfährt er im Schiffahrtsbüro, wo er auch die Passagierlisten einsehen kann. Nach Möglichkeit muß der Detektiv versuchen, eine Kabine in allernächster Nähe des Observaten zu bekommen. Ob es vorteilhaft ist, sich während der Fahrt mit dem Observaten bekannt zu machen, muß den Umständen nach beurteilt werden. Dafür spricht, daß er auf diese

Weise viel Persönliches, sowie die Pläne und Absichten des Observaten erfahren kann, während er, wenn er dem Observaten während der Reise fernbleibt, anderseits ihn am Zielort besser weiter beobachten kann, was ihm im ersten Fall ziemlich versagt ist. Darüber feste Regeln aufzustellen, ist ausgeschlossen, da hier jeder Fall individuell seinen Umständen gemäß behandelt werden muß.

b) Spezielle Situationen.

1. Betreten eines Hauses.

Es ist von Wichtigkeit, festzustellen, wo der Observat hingeht. Man muß also nachgehen. Um unauffällig nachsteigen zu können, gibt man jeder Wohnpartei einen Reklamezettel ab (s. o.). Man soll nach Möglichkeit versuchen, ein paar Begrüßungsworte des Observaten oder des Empfangenden zu hören, dann weiß man sofort, in welchem Verhältnis der Observat zu den Leuten steht, die er besucht. Ferner orientiere man sich im Adreßbuch und beim Portier des näheren über diese Person, insbesondere über Alter, Geschlecht, Beruf, Verkehr, Ruf, Vermögen usw. Aber auch hier muß man mancherlei beachten.

Nehmen wir an, der Observat geht in eine vornehme Villenstraße, wo in jeder Villa nur eine Familie wohnt. Der Observat klingelt am Tore, ein Dienstmädchen öffnet ihm, und er verschwindet im Haus. Man geht nun ganz harmlos weiter, an dem Haus vorbei, und sieht sich dabei die Hausnummer an.

Meistens steht in solchen Straßen auch der Name des Bewohners am Eingang. Diesen sowie die Hausnummer prägt man sich ein, ohne sie sofort aufzuschreiben. Man muß nämlich immer mit der Möglichkeit rechnen, daß der Observat von innen die Straße beobachtet und mißtrauisch werden muß, wenn er sieht, daß jemand vor dem Hause steht und sich Nummer und Name aufschreibt. Man geht nun im gleichmäßigen Schritt weiter bis an die nächste Straßenecke, stellt sich möglichst unsichtbar auf und notiert das Gesehene. Im Adreßbuch findet sich dann auch meistens der Stand des Villenbewohners.

Weiterhin gibt es in vornehmen Vierteln der Stadt Häuser, wo man erst klingeln muß, ehe durch elektrische Fernwirkung das Tor geöffnet wird. Der Portier ist verpflichtet, jeden, der das Haus betritt, zu fragen, zu wem er gehen will. Da ist natürlich eine Verfolgung schwieriger. Man kann nicht sagen, daß man Reklamezettel austragen will, denn für solche Leute ist ein Nebenaufgang da. Es gibt mehrere Möglichkeiten, wie man das, was man wissen will, erfahren kann, nämlich:

a) Oft sind an solchen Häusern Schilder von Ärzten, Rechtsanwälten, Künstlern usw. Dann sagt man eben, man ginge zu einem von diesen. Dies ist der einfachste Weg.

b) Sind keine Schilder vorhanden, dann erzähle man dem Portier irgendein Märchen, z. B. sage man einfach, man wolle in den zweiten Stock, oder zu einem

Herrn Müller, der „oben" zu Besuch sei, oder man komme auf eine Annonce, daß im dritten Stock ein Piano, ein Stuhl, ein Bild usw. zu verkaufen sei, das wolle man sich ansehen. Dabei ist man recht freundlich und höflich und läßt sich nicht abweisen. Während des Gesprächs horche man scharf hin, ob und wo, d. h. in welchem Stock der Observat stehen bleibt und klingelt. Hat man die Neugierde des Portiers befriedigt, so muß man natürlich an der angegebenen Wohnung läuten und dort irgendetwas Belangloses fragen.

2. Biegen um eine Ecke.

Hier ist die größte Vorsicht am Platze. Wenn der Observat um eine Ecke gebogen und nicht mehr zu sehen ist, dann wird der Anfänger leicht unruhig und eilt im Sturmschritt nach. Diese Eile hat natürlich eine gewisse Berechtigung, denn wer kann wissen, ob nicht der Observat schnell in ein Haus hineingeht, ohne daß man es sieht?

In einem solchen Falle also eilt man immer am Fahrdamm, niemals an der Häuserreihe entlang, nach der Straßenecke und sieht erst einmal nach, wo sich der Observat befindet. Erst wenn man ihn entdeckt hat, biegt man in die Straße ein und setzt die Beobachtung fort.

3. Restaurant, Café.

Man setzt sich erst, wenn sich der Beobachtete gesetzt hat, und zwar in möglichster Nähe, jedoch nicht an denselben Tisch. Am vorteilhaftesten so, daß man ihn, aber er nicht den Detektiv sehen kann. Der Detektiv soll es nach Möglichkeit vermeiden, Mantel oder Schirm zu tragen. In vielen Lokalen ist man gezwungen, seine Garderobe in die Ablagestelle zu geben, und das nimmt sehr viel Zeit — auch beim Weggehen — in Anspruch. Einen Hut kann man schon eher mit hineinschmuggeln. Sonst nimmt man seine Garderobe mit ins Lokal und hängt sie so auf, daß man sie sofort zur Hand hat.

Man bestellt sich eine Kleinigkeit, deren Zubereitung nicht viel Zeit in Anspruch nimmt, z. B. Kaffee oder Bier. Niemals Eßwaren, selbst wenn der Observat ißt. In größeren und feudalen Weinrestaurants ist es allerdings ein moralisches Muß, daß man diniert. Dann muß man eben möglichst schnell essen und versuchen, eher fertig zu werden als der Observat.

Wenn der Kellner das Gewünschte gebracht hat, ist sofort zu bezahlen, und zwar mit gewechseltem Geld. Man ist dann jederzeit in der Lage, das Lokal verlassen zu können, und braucht nicht erst lange nach dem Kellner zu rufen.

Bricht der Observat auf, so macht man vorerst keine Miene aufzustehen. Erst wenn er am Ausgang ist, nimmt man den Hut und geht ihm nach. Es ist unerläßlich, daß man sich genau darüber orientiert, wo der Observat seine Garderobe und ob er bezahlt hat. Wenn man das unterläßt und jedesmal, wenn er auf die Toilette geht, den Mantel anzieht, und ihm, in der Meinung, er verlasse das Lokal, folgt und dann wieder hereinkommt und neu bestellt, so dürfte dies mit der Zeit Aufsehen erregen. Hat man auf das Bezahlen geachtet und weiß man, daß er nicht bezahlt hat und daß der Mantel noch an seinem Platz hängt, so wird man gar nicht in die Versuchung kommen, ihm zu folgen.

Es ist selbstverständlich, daß man genau auf die Personen achtet, mit denen der Observat in dem Lokal verkehrt. Vor allem soll man sich genau die Kleidung, Aussehen und Alter dieser Personen notieren und im Bericht vermerken. Dabei ist der Platz hinter dem Rücken des Observaten am geeignetsten, denn dann sieht man diese Personen von vorn. Man arbeitet mit der Zeitung, jedoch nur sehr vorsichtig mit dem Taschenspiegel. Auch achte man auf die Art, wie der Observat mit den Kellnern und dem Geschäftsführer verkehrt, da man vielleicht daraus schließen kann, ob er dort öfters verkehrt. Wenn irgend möglich, notiere man sich den Betrag seiner Zeche.

4. Diele, Kabarett, Weinlokal.

Geht der Observat abends aus, so wird man gut daran tun, einen eleganten Anzug (Smoking, Cutaway) anzuziehen, denn in manchen Lokalen ist Abendanzug Vorschrift. Passiert einem trotzdem das Mißgeschick, daß man des Anzugs wegen nicht hineingelassen wird, so muß man eben draußen warten, oder das Personal bestechen, daß es einen auf einen Platz führt (Bierausgabe, Küche, Orchester usw.), von dem aus man das Treiben ungestört beobachten kann. Im allgemeinen gilt hierzu das im letzten Abschnitt Gesagte.

5. Nachtlokal.

Unter Nachtlokalen versteht man Lokale ohne Schankerlaubnis, die sich in einer Privatwohnung oder in einem Büro, Geschäft, Keller usw. befinden und meistens bis früh 6 Uhr in Betrieb sind. Da ihre Existenz natürlich geheimgehalten wird, so werden ihnen Gäste von sogenannten „Schleppern" oder „Anreißern", auch von Chauffeuren und Droschkenkutschern zugeführt. Die „Anreißer" sprechen des Nachts Personen, die ihnen kapitalkräftig und vergnügungslustig genug erscheinen, an und bringen sie in das Lokal. Sieht man nun, daß der Observat angesprochen wird und mitgeht, so geht man einfach hinterher und sagt dem „Anreißer", indem man sich etwas angeheitert stellt, daß man auch mitgehen wolle. Man darf sich aber nicht betrunken stellen, denn Betrunkene werden des Krakehls und des Lärms wegen nicht gern gesehen. Im Lokal selbst achte man auf die Zeche des Observaten. Es wird dort meist nur Sekt verschenkt. Nachtlokale besitzen auch oft mollig-pervers ausgestattete Kuppelzimmer, in denen mit den anwesenden Mädchen, die ebenso reizvoll wie dünn gekleidet sind — fast nur Prostituierte — gegen Entgelt der Beischlaf ausgeübt werden kann. Man muß nun genau auf ein etwaiges Entfernen des Observaten achten, da sich hier leicht die Möglichkeit bietet, einen Ehebruch festzustellen, wenn der Mandant es auf diese Feststellung abgesehen hat.

6. Spielklub.

In den vornehmen Spielklubs des Westens wird man sehr schwer Einlaß finden. Die Auswahl der Mitspieler vollzieht sich meistens auf der Straße und der Unternehmer nimmt nur die ihm bekannten Spieler mit. Man wird deshalb fast immer vergeblich versuchen, dem Observaten dahin zu folgen. Anders ist es in den weniger vornehmen Spielklubs z. B. im Norden der Stadt Berlin, wo u. a. auch viele Verbrecher verkehren. Hier geschieht die Reklame und Anwerbung oft durch „Anreißer" und „Schlepper". Hier befinden sich auch die Spielklubs nicht immer in Privatwohnungen, sondern auch oft in Kaschemmen und Kellern. Man hüte sich übrigens hier davor, zu hohe Beträge zu setzen — denn mitspielen muß man — da hier, wie fast in den meisten Spielklubs, falsch gespielt wird. Es empfiehlt sich auch, genügend Ausweispapiere gut verwahrt, und einen Schlagring oder einen Revolver bei sich zu führen. Die Führung einer Handfeuerwaffe ist nur mit Waffenschein gestattet. Die Übertretung dieses Verbotes wird bestraft. Nach der „Verordnung über Waffenbesitz" vom 13. Januar 1919 vom Rat der Volksbeauftragten (RGBl. 1919, S. 31) wird der unbefugte Besitz von Schußwaffen mit Gefängnis bis zu 5 Jahren und mit Geldstrafen bis zu 100000 Mark oder mit einer dieser Strafen bestraft.

7. Kuppelquartier.

Es ist kenntlich durch Schilder wie „Privat-Hotel", „Hôtel garni", „Pension", „Zimmer auf Tage". Neben ihnen gibt es noch Kuppelquartiere in Kneipen, Privatwohnungen, Massageinstituten usw. Es ist durchaus nicht nötig, daß man als Detektiv das Hotel betritt. Wenn man sich überzeugt, daß der Observat mit einer Dame das Privathotel betreten hat, so kann man ruhig draußen warten. Denn es ist nicht anzunehmen, daß der Observat mit seiner Begleiterin in einem Kuppelquartier eine biblische Erbauungsstunde abhält. Hat man jedoch den Auftrag, Näheres festzustellen und genügend Geld zur Verfügung, nun, so kann man sich wohl mit dem Wirt ins Einvernehmen setzen, daß man ein benachbartes Zimmer bekommt. Es ist unter Umständen wichtig, festzustellen, was der Observat gezahlt hat, oder welche Zeche er gemacht hat. Hat man jedoch den Auftrag, objektiv festzustellen, ob Ehebruch stattgefunden hat, und verlangt der Auftraggeber womöglich, daß man es beeidet, so muß man eben ein Mädchen mit in das Quartier nehmen und bei der Ankunft den Wirt mit verschmitzter Miene fragen, wo „mein Freund" liegt, der eben hinaufgegangen sei. Dann bezieht man sein Zimmer und betritt gelegentlich einmal „aus Versehen" das Zimmer des Observaten, vorausgesetzt, daß dieser nicht verriegelt hat. Ist dies der Fall, so läßt man ihn unter irgendeinem Vorwand öffnen, und kann das dann beschwören — was man gesehen hat. Und das genügt in den meisten Fällen — nach freier, richterlicher Beweiswürdigung.

8. Kino.

Hier muß man auf jeden Fall versuchen, einen Platz entweder in derselben Reihe oder Loge zu bekommen, oder eine Reihe hinter dem Observaten, denn „im Dunkeln ist gut Munkeln". Hat man nicht erfahren können, welchen Platz er gelöst hat, so nimmt man irgendeinen besseren Platz und setzt sich dahin, wo der Observat sich niedergelassen hat, oder man zahlt beim Platzanweiser oder Programmverkäufer nach.

9. Theater.

Hier ist ein Nachzahlen schwieriger. Am vorteilhaftesten ist es, man achtet darauf, wo der Observat seine Garderobe abgibt und begibt sich dann eine Viertelstunde vor Schluß der Vorstellung an die Garderobenablage. Allerdings muß man sich vergewissern, daß seine Garderobe noch da hängt, da viele Leute ihre Garderobe schon während der letzten Pause abzuholen pflegen, um dem Andrang an den Garderobenständen nach Schluß der Vorstellung zu entgehen.

Hat man die Absicht oder den Auftrag, den Observaten auch im Theater zu observieren, so richtet sich die Handlungsweise des Detektivs nach den Umständen, die vorliegen. Entweder löst der Observat die Eintrittskarte unmittelbar vor Beginn der Vorstellung an der Kasse, dann stellt man sich hinter ihn und löst denselben Platz, oder er hat die Karte im Vorverkauf gelöst. Dann achtet man vorerst darauf, wo er seinen Platz einnimmt und kauft sich eine Eintrittskarte entweder für einen Platz in seiner Nähe oder für einen Platz, von dem aus man ihn gut beobachten kann.

In den meisten Fällen wird es jedoch nicht nötig sein, daß man ihn im Theater beobachtet, indem man selbst das Theater besucht. Man wird versuchen, ihn nach Schluß der Vorstellung abzufangen.

10. Ballfestlichkeit.

In den meisten Fällen wird es dem Detektiv möglich sein, eine Eintrittskarte zu bekommen. Ist dies aus irgendeinem Grunde nicht möglich (Verein, Klub, geschlossene Gesellschaft), so muß er versuchen, sich mit Hilfe eines Kellners einzuschmuggeln. Hier ist zu beachten: Die Zeche des Observaten, ferner ob er gut und gewandt tanzt, auch die modernsten Tänze, was darauf schließen läßt, daß er öfters Tanzfestlichkeiten oder Tanzdielen besucht, und endlich, mit welchen Damen er überhaupt und mit welcher Dame er am meisten tanzt. Zeichnet er besonders eine Dame aus, so ist deren Name und Adresse durch Observation nach dem Balle festzustellen [1]).

---

[1]) Dieses Beobachten der Personen, mit denen der Observat verkehrt, ist sehr wichtig, und der Detektiv soll es möglichst

11. Rennen.

Man hält sich in unmittelbarer Nähe des Observaten auf. Beim Pferderennen achte man auf die Wetten, etwaige Gewinne und Verluste des Observaten. Auch ist zu beachten, ob er Buchmachergeschäfte macht und Jockei-Beziehungen hat.

12. Baden.

Es ist nicht nötig, daß man dem Observaten in ein Herrenbad nachsteigt. Geht er in ein Familienbad, dann auf jeden Fall. Im allgemeinen warte man, bis er im Badeanzug seine Zelle verläßt, damit man sich sein Aussehen gut einprägt. Dann erst ziehe man sich selber aus und folge ihm. Ist das Bad jedoch sehr groß, so tut man doch besser daran, mit ihm in das gleiche Zelt zu gehen und zu versuchen, eher mit dem Auskleiden fertig zu sein als er. Nach Möglichkeit soll man vermeiden, ihn aus dem Auge zu verlieren. Denn ein Wiederfinden unter den hunderten nur mit Badehosen bekleideten Männern ist äußerst schwierig.

---

oft tun, um die Adressen und Namen dieser Personen festzustellen, was sowohl für ihn als auch für den Mandanten sehr wichtig ist. Geht z. B. der Observat des Abends mit einer Dame aus und verabschiedet sich von ihr, um seine Bahn zu besteigen, so soll man den Observaten ruhig laufen lassen und lieber der Dame nachgehen, um ihre Personalien festzustellen.

13. Ausflug.

Zur Sonntagsnachmittagsbeobachtung oder wenn man weiß, daß der Observat einen Ausflug machen will, tut man gut daran, ein kleines Mädel mitzunehmen. Erstens beobachtet es sich noch einmal so gut und unauffällig, zweitens hat man eine Helferin und drittens schützt einen das Mädel vor Mißtrauen seitens des Observaten. Besonders scharf muß die Beobachtung sein, wenn der Observat einen Tanzsaal mit einer Dame besucht; in der Umgebung der Großstädte gibt es deren viele, die einen schattigen Park oder Garten besitzen, der zu Schäferstündchen verlockt.

14. Dauerbeobachtung.

Hat man eine Person mehrere Wochen lang Tag für Tag zu beobachten, so ist es sehr unangenehm, vor allem bei schlechtem und kaltem Wetter, wenn man von früh bis abends vor dem Hause stehen soll, besonders dann, wenn die Person nicht oft ausgeht. In diesem Fall versucht man nun, sich in einem gegenüberliegenden Hause ein Zimmer zu „mieten[1]", von dessen Fenstern aus man die Haustür des Observaten sehen kann. Dann setzt man sich des Morgens mit einem Stuhl ans Fenster und paßt auf, ob der Observat das Haus verläßt. Man behält natürlich Hut und Mantel an, um sofort das Zimmer und das Haus verlassen zu können, wenn sich der Observat

---

[1]) Unter „Mieten" verstehe ich hier das Benutzen eines Fensterplatzes gegen ein kleines Entgelt auf einige Tage.

zeigt. Sehr gut eignet sich für solche Zwecke ein Zimmer im Erdgeschoß oder Keller. Natürlich darf man den Leuten, bei denen man das Zimmer mietete, nicht sagen, wen man beobachtet. Man sage eben nur, daß man jemanden aus dem Hause (dabei sagt man ein falsches Haus, damit die Leute keine richtigen Schlüsse ziehen) beobachten wolle.

Mitunter ist es möglich, von dem Fenster des gemieteten Zimmers aus Einblick in die Wohnung des Observaten zu erlangen. Besonders des Abends, wenn das Licht brennt, kann man zuweilen mit dem Fernstecher den Observaten in seiner Wohnung sehr schön beobachten.

Die Taktik erfordert es, daß man bei Dauerbeobachtungen oft mit Anzug, Mantel und Hut wechselt, um nicht erkannt zu werden. Auch soll nach Möglichkeit mit den observierenden Detektiven gewechselt werden.

15. Reisebeobachtung.

Hier ist hauptsächlich zu beachten, daß sich der Detektiv dauernd in nächster Nähe des Observaten aufzuhalten hat. Also: dasselbe Hotel, wenn möglich, ein benachbartes Zimmer. Wenn es sich irgendwie einrichten läßt, besonders an Kur- und Badeorten, soll der Detektiv versuchen, mit dem Observaten bekannt und befreundet zu werden. Besucht der Observat ein Sanatorium, so hat der Detektiv dasselbe Sanatorium und womöglich dieselbe Abteilung zu besuchen. Er muß eben konsequent den behandelnden Ärzten vormachen, daß er diese und jene Krankheit hätte. Das geht zu machen und ist auch schon oft gemacht worden. Zu achten ist auf die Post, die der Observat erhält, Ausgaben, die er macht, sein Verkehr und seine Besuche.

c) Beispiele.

Die angegebenen Beispiele sollen den Detektiv etwas in die Praxis der Beobachtung einführen. Die erste Beobachtung spielte im Januar und Februar 1919 in Dresden, die zweite im Januar 1921 in Berlin. Von der ersten sind die wichtigsten Berichte im Original wiedergegeben, während ich die zweite, die besonders wegen der damit verbundenen Ermittlungen interessant ist, verkürzt habe.

Nr. 1. Eine Beobachtung, die ich im Februar 1919 in Dresden ausführte. Sie ist nicht besonders reichhaltig, aber doch ein gutes Musterbeispiel. Auch enthält sie einige interessante Einzelheiten. Der Anfänger soll hieraus die Art, Berichte zu schreiben, lernen. Er achte insbesondere auf die genauen Zeitangaben. Namen und Adressen sind geändert, alles übrige ist Original. Diese Beobachtung führte schließlich zum Ehescheidungsprozeß, in dem der Mann für schuldig erklärt wurde.

Aktenzeichen: T 1.

Vorbemerkung: Dr. Timme, ein etwa fünfzig Jahre alter Arzt, verkehrte sehr intim mit der Schwester seiner Frau, seiner Schwägerin, namens Frau Baumann. Sie war Witwe. Das Eheleben des Timme war von

Anfang an sehr unglücklich. Er verließ seine Frau trotz ihrer flehentlichen Bitten kurz nach der Hochzeit schon und trieb sich in Dresden mit anderen Weibern umher. Die Baumann war eine raffinierte Frauensperson, während ihre Schwester, die Frau des Timme, eine ruhige und sanfte, still duldende Frau war. Ziemlich dreißig Jahre ertrug sie die Qual ihrer Ehe, bis sie endlich auf Anraten ihrer Verwandten die Scheidungsklage einreichte und Timme durch ein Dresdner Detektivbüro beobachten ließ. Ich beobachtete mit einem Herrn Hoppe abwechselnd den liebevollen Gatten:

Bericht 1. Dresden, am 12. Januar 1919.

Um 4 Uhr traf ich mit Herrn Hoppe vor dem Hause Geisingstraße 12 ein. 3/45 Uhr wurde im Speisezimmer der Frau Baumann Licht. Kurz nach 6 Uhr erlosch es, um 1/47 Uhr verließen Herr Dr. Timme und Frau Baumann das Haus und schlugen folgenden Weg ein: Schandauer Straße—Borsbergstraße—Striesener Straße—Pillnitzer Straße—Amalienplatz—Terrasse—Schloßplatz—Theaterplatz—Opernhaus.

Auf dem Wege faßte Timme bei Frau Baumann unter. Schon vor der Oper nahm Timme die jedenfalls im Vorverkauf erworbenen Karten heraus, und die Herrschaften nahmen auf Plätzen im vorderen Parkett Platz.

Um 9 Uhr fand ich mich wieder mit Herrn Hoppe in der Oper ein. Die Herrschaften verließen die Oper und schlugen, wieder Arm in Arm, im Spazierschritt folgenden Weg ein: Theaterplatz—Schloßplatz—Terrasse—Amalienplatz—Pillnitzer Straße—Striesener Straße—Stephanienstraße—Holbeinstraße—Fürstenstraße—Haydnstraße—Spenerstraße—Schandauer Straße—Geisingstraße.

10 Uhr 5 Min. trafen die Herrschaften zu Hause ein und im Eß- und Schlafzimmer, sowie in der Küche wurde Licht gemacht. In der Küche, dem Schlafzimmer, sowie den beiden Kammern rechts und links der Küche brannte bis ½11 Uhr Licht. Um 12 Uhr 15 Min. verlöschte das Licht im Eßzimmer, das Schlafzimmer und die rechts daneben liegende Kammer wurden hell, letztere erlosch nach 5 Minuten. Punkt 1 Uhr erlosch das Licht im Schlafzimmer [1]).

Beobachtungszeit: 10 Stunden.

Kleidung: Frau Baumann hatte einen kostümähnlichen, weinroten Mantel mit Riegel an, ohne Hut, dazu ein viereckig ausgeschnittenes braunes Seidenkleid mit weißem Spitzenkragen. Schwarze Pelzgarnitur. Herr Timme trug einen Cutawayanzug, schwarze Militärzugstiefel, einen braunen, weichen Hut und einen dunklen Überzieher.

[1]) Die Räumlichkeiten waren vorher durch einen Detektiv festgestellt worden. In der Kammer neben dem Schlafzimmer, wo die Fremden schliefen, war nur 5 Minuten Licht. In dieser Zeit konnte sich T. kaum ausziehen. Deshalb ist es als sicher anzunehmen, daß beide zusammen im Schlafzimmer geschlafen haben. Ein Beweis, wie wichtig genaue Zeitangaben auch der nebensächlichsten Umstände sind.

Bericht 3. Dresden, am 18. Januar 1919.

4 Uhr 15 Min. mit dem Schnellzug aus Löbau traf Herr Timme in Begleitung eines Herrn (Mitte der 40er Jahre, Klemmer, schwarzer Schnurrbart, schwarzer Pelzkragen) am Neustädter Bahnhof ein. Der Herr redete ihn mit „Du" und „Rudolf" an. In der Halle begrüßte ihn Frau Baumann in Begleitung eines jüngeren Herrn. Frau Baumann trug einen blauen Hut und ein kurzes, schwarzes Pelzjakett. Herr Timme hatte einen dunkelbraunen Mantel, ebensolchen Hut und Beinkleider. Die vier Herrschaften bestiegen nun, nachdem zwei große, schwere, graue Koffer, zwei braune Handtaschen und ein Paket auf den Kutscherbock geladen waren, eine Droschke. Herr Hoppe und ich folgten dieser teils zu Fuß im Laufschritt, teils mit der Straßenbahn. Die Droschke hatte die Nummer 471.

5 Uhr 10 Min. kamen wir vor dem Hause Geisingstraße 12 an, wo das Dienstmädchen mit dem Kutscher die Koffer hinauftrug.

Es wurde im Eßzimmer Licht und 5 Uhr 20 Min. auch im Erkerzimmer. Beide Zimmer waren nun bis ziemlich 7 Uhr beleuchtet, jedoch brannte im Eßzimmer nur eine Lampe.

¼8 Uhr verließ mich Herr Hoppe. ½8 Uhr verlöschte das Licht im Eßzimmer und das Erkerzimmer wurde hell erleuchtet bis ¾9 Uhr, wo ein Dienstmädchen einem jungen Herrn die Haustüre aufschloß, der, den Kragen hochgeschlagen, eilends der Straßenbahn zustrebte. 8 Uhr 53 Min. wurde das Erkerzimmer dunkel und das Eßzimmer hell. Als ich ½10 Uhr meinen Standort verließ, waren erleuchtet: Eßzimmer, Küche, Schlafzimmer und die daneben gelegene Kammer.

Beobachtungszeit: 6 Stunden.

Bericht 5. Dresden, am 20. Januar 1919.

½5 Uhr löste ich Herrn Hoppe ab. 5 Uhr, als fast sämtliche Wohnräume der anderen Parteien erhellt waren, war nur im Schlafzimmer der Frau Baumann Licht. 10 Min. vor 6 Uhr brannte einen Moment das Licht im Erkerzimmer, doch erlosch es sofort wieder. Dasselbe wiederholte sich gegen 6 Uhr. 6 Uhr 5 Min. wurde im Eßzimmer Licht. Vom zweiten Stockwerk eines gegenüberliegenden Bauernhauses beobachtete ich das Zimmer. Frau Baumann saß auf einer Chaiselongue und sprach nach rechts, wo jedenfalls Herr Timme saß. Jedoch sah ich ihn nicht. Vor ihr stand ein kleiner Herr, an die Wand gelehnt, im Mantel, schwarzen Schnurrbart und schwarzem Haar, der sich ½7 Uhr verabschiedete. Das Licht verlöschte im Eßzimmer. ¾7 Uhr wurde das Erkerzimmer hell und verlöschte sofort wieder, worauf sofort im Eßzimmer das Licht angebrannt wurde. Das Eßzimmer war erleuchtet, bis mich ½8 Uhr Herr Hoppe ablöste[1]).

Beobachtungszeit: 3 Stunden.

---

[1]) Ergänzend geht aus Hoppes Bericht hervor, daß gegen ¾8 Uhr der Timme die Baumann küßte. Sie wies lächelnd mit dem Finger auf das Fenster, worauf er eine

Bericht 6. Dresden, am 21. Januar 1919.

Um 3 Uhr traf ich vor dem Hause Geisingstraße 12 ein. ½5 Uhr kam Herr Timme aus der Richtung Markgraf-Heinrich-Platz, ½6 Uhr erst, als die Fenster der anderen Parteien schon erleuchtet waren, wurde das Schlaf- und das Eßzimmer hell. Herr Timme zog, was sonst nie geschehen war, die Gardinen zu, so daß mir ein Einblick in das Zimmer verwehrt war. 6 Uhr brannte nur eine Schreibtischlampe, die ¼8 Uhr ausgelöscht wurde. Bis ¼9 Uhr, wo ich den Posten verließ, brannte dann Deckenbeleuchtung.

Beobachtungszeit: 5 Stunden.

Bericht 7. Dresden, am 23. Januar 1919.

Um 3 Uhr war ich auf der Geisingstraße. Kurz nach 3 Uhr verließ Herr Timme die Wohnung und begab sich in die Müller-Bersetstraße 24. ¼4 Uhr verließ er das Haus. Leider verlor ich Herrn Timme einen Augenblick aus den Augen, da gerade zwei große Lastautomobile vorbeifuhren. Ich wartete nun, da ich glaubte, daß Herr Timme in ein Haus verschwunden war. Kurz vor 4 Uhr kam er mit einem älteren Herrn mit langem, weißen Backenbart, dunkelbraunem Hut, schwarzem Überzieher und Spazierstock aus dem Hause Müller-Bersetstraße 37 heraus. Der Herr war einen halben Kopf größer als Dr. Timme. Die Herren war-

abwehrende Handbewegung machte und schließlich achselzuckend die Gardine vorzog. Wir standen stets im Dunkeln und waren unsichtbar.

teten auf der Tittmannstraße auf die Bahn. Da aber alle Bahnen besetzt waren, gingen sie nach der Geisingstraße. Dort hielten sie eine Droschke an, welche aber besetzt war. Herr Timme verabschiedete sich nun von dem Herrn und ging über die Geising-, Tittmann-, Haydn- und Krenkelstraße nach der Rosen-Apotheke (Ecke Krenkel- und Borsbergstraße). 7 Min. nach ¼5 Uhr war er dort und kam ½5 Uhr wieder heraus. Er ging nun nach Hause. 5 Uhr wurde Licht im Eßzimmer. Es brannten drei Lampen. Ich beobachtete, daß Herr Timme am Tisch saß, neben ihm Frau Baumann, welche zeitweilig aufstand und Briefumschläge gegen das Licht hielt. Um 6 Uhr erloschen zwei Lampen, und Herr Timme begab sich nach dem Palasthotel, wo er ¾7 Uhr eintraf. 5 Min. nach 7 Uhr verließ Herr Timme mit einer Dame (ohne Hut, hellgrauer Mantel, schwarzen Pelzkragen, einen Kopf größer als Timme) das Hotel. Herr Timme faßte bei der Dame unter. Sie gingen nach dem Zentraltheater, wo die Operette „Wo die Lerche singt" gespielt wurde. Die Herrschaften gingen nach dem ersten Rang rechts. 7 Uhr 45 Min. löste mich Herr Hoppe ab und übernahm die weitere Beobachtung.

Beobachtungszeit: 5 Stunden.

Bericht 8. Dresden, am 24. Januar 1919.

Um 4 Uhr traf ich in der Geisingstraße ein. 4 Uhr 35 Min. kam Herr Timme mit einer Dame in schwarzem Sammetkostüm und einem Herrn in den 40er Jahren mit schwarzem, steifem Hut, Klemmer und schwarzem Mantel mit Pelzkragen aus der Richtung Borsbergstraße. Vor dem Hause trafen sie einen Herrn in den 30er Jahren mit braunem Hut, um den ein dunkelgrünes Band war, kurzem, hellen Mantel und schwarzem Pelz. Herr Timme betrat mit der Dame das Haus, während die beiden Herren sich verabschiedeten und in der Haydnstraße verschwanden. Um 5 Uhr wurde Licht im Eßzimmer. Ich beobachtete, daß Herr Timme, Frau Baumann und die Dame um den Tisch saßen und sich unterhielten. 7 Uhr 15 Min. wurde auf eine Viertelstunde im Erkerzimmer Licht, 7 Uhr 30 Min. im Zimmer rechts neben dem Erkerzimmer, doch auch nur auf kurze Zeit. Um 8 Uhr verließ Herr Timme mit der Dame das Haus. Frau Baumann, die die Herrschaften mit dem Dienstmädchen herunterbegleitete, rief ihnen nach: „Viele Grüße zu Hause!" Herr Timme begleitete die Dame nach der Müller-Bersetstraße 37, wo sie mit dem Herrn im weißen Barte zusammentrafen, mit dem Herr Timme gestern das Haus verlassen hatte. Müller-Bersetstraße 37 verschwanden der Herr und die Dame. Herr Timme begab sich ins Hotel.

Beobachtungszeit: 4 Stunden.

Nr. 2. Es ist eine Beobachtung mit Ermittlungen. Ich übte seinerzeit meine Praxis in Berlin aus und hatte auf Anregung meines verehrten Masters, Edward Tom Shark-Realthing, ein Büro eröffnet. Jedoch nach kurzer Zeit ließ ich es wieder eingehen, d. h. ich nahm keine Aufträge mehr an, da ich fühlte, daß meine Ausbildung – besonders in der Logik und Kriminalphilosophie – noch zu unfertig war und ich anderseits durch die Praxis in meinem Rechtsstudium zu sehr behindert war. So beschloß ich denn, erst nach vollendetem Studium wieder zu praktizieren. Ich hatte mir damals als Gehilfen einige bedürftige Kommilitonen angenommen, die der Sache mit Feuereifer oblagen und von mir entsprechend bezahlt wurden. Namen und Daten sind geändert.

Aktenzeichen: P 4.

Vorbemerkung: Der junge Siegmund von Pulsnitz aus einer sehr verarmten adligen Familie, der Angestellter in einer Butterhandlung war und sich dort mehrere Veruntreuungen zu schulden kommen ließ, heiratete ein junges, blondes Mädchen und wohnte mit seiner jungen Frau bei seinen Eltern. Diese schikanierten die Frau nach Herzenslust und nützten sie bis aufs äußerste aus. Anfangs verteidigte er sie, bis er endlich sich auf die Seite seiner Eltern stellte und die junge Frau ebenfalls peinigte. Die Frau mußte eine Stelle als Empfangsdame bei einem Arzt annehmen, da sie ihr Mann nicht ernähren konnte. Das wenige Geld, das er verdiente, brachte er an den Sonntagen mit anderen Mädchen durch, während seine junge Frau einsam zu Hause saß. Schließlich wurde ihr das Leben derart zur Hölle gemacht, daß sie es nicht mehr aushielt und sich scheiden lassen wollte. Sie hatte aber weder Beweise für die Untreue ihres Mannes, noch wußte sie den Namen der Weiber, mit denen er sie hinterging. Auch hatte sie kein Geld, um Beweise herbeischaffen zu können. Da ich damals weniger um des Geldes, als um des Interesses willen arbeitete, übernahm ich ihre Angelegenheit. Der Mann wurde im Prozeß als allein schuldig verurteilt, seine Frau zu unterstützen. In Anbetracht der Schuftigkeit des Mannes ging ich rücksichtslos vor und brachte auch allerhand Beweise zustande. Mein Gehilfe war ein Student der Rechte Kippler.

Bericht 4. Berlin, am 16. Januar 1921.

Von mittags 2 Uhr 20 Min. an stand ich vor Herrn von Pulsnitzens Haus auf der gegenüberliegenden Straßenseite, etwas abseits. Um 3¾ Uhr kam er heraus, ging rasch die Schloßstraße und Bornstraße entlang, bog in die Hackerstraße ein und verschwand im Hause Hackerstraße 97. Nach 2 Minuten kam er im Laufschritt wieder heraus, lief die Born- und Schloßstraße zurück und verschwand wieder in seinem Hause. Anzug: grauer, weiter, kurzer Überzieher, grauer Hut mit dunklem Band, braune Stiefel. Kurz nach 4 Uhr kam Herr von Pulsnitz im selben Anzug wieder heraus. Ich stand auf der anderen Straßenseite, gegenüber dem Eingang des Nachbarhauses. Trotzdem sah Herr von Pulsnitz lange und scharf nach mir herüber, ging aber dann in raschem Tempo vorbei, die Schloßstraße entlang und bog in die Bornstraße ein. Ich folgte im großen Abstand auf der anderen Straßenseite. Er sah sich öfters um, bemerkte mich aber nicht. Er bog dann links in die Odenwaldstraße und ging dann in stetem Kreuz und Quer die Friesenstraße, Paulsen-, Forst-, Bugge- und Kleiststraße entlang bis zur Ecke Grillparzerstraße. (Die Straßen sind alle unbebaut, Laubenkolonien.) An der Ecke wartete er einige Minuten, dann kam die Grillparzerstraße entlang eine Dame, die er freundschaftlich begrüßte, indem er ihr ein paar Schritte entgegenging. Die Dame, Anfang 20 im Alter, trug grauen Mantel und, woran ich sie mir merkte, einen kleinen, blaßblauen Hut mit schwarzem Pelzrand. Die beiden gingen Arm in Arm die Kleiststraße—Breitenbachplatz—Südwestkorso—Wiesbadener Straße entlang und verschwanden im Prinzeßcafé am Friedrich-Wilhelm-Platz. Ich folgte hinein. Es war 5¼ Uhr. Sie legten Garderobe ab. Die Dame trug ein blaßblau, etwas lila getupftes Waschkleid mit kurzen Ärmeln und weit überfallendem Faltenkragen. Als sie später einen Augenblick den Hut abnahm, sah ich, daß sie ihr hellblondes Haar in griechischem Knoten trug. Sie schien eine etwas lange, gerade Nase und etwas vorspringendes Kinn zu haben. Teint weiß, Gesicht frisch in der Farbe.

Die beiden saßen zusammen an einem Tisch auf kleinem Sofa und benahmen sich ganz als „Pärchen". Dauernd zueinander hingeneigt, sich dauernd beim Plaudern ansehend. Später setzten sie sich an einen größeren Tisch, ich konnte aber nicht beobachten, ob sie die Gesellschaft an dem Tisch kannten; denn Herr von Pulsnitz war mir gegenüber mißtrauisch, sah sich öfter nach mir um, so daß ich vorsichtig sein mußte. Sie blieben den ganzen Abend in dem Lokal. Um 11¼ Uhr ging ich hinaus und nahm einen versteckten Beobachtungsposten ein. Mit der Polizeistunde um 11½ Uhr kam Herr von Pulsnitz mit zwei Damen heraus: die eine war seine Begleiterin im blauen Hut, die andere trug dunklen, weiten Mantel, grauen, breitkrempigen Hut, braune Stiefel und Strümpfe. Haar dunkel. Die beiden Damen waren gleichgroß, nur wenig kleiner als Herr von Pulsnitz und machten äußerlich einen besseren Eindruck als er. Die dunkle schien etwas älter zu sein, vielleicht 25 Jahre.

Die drei gingen, er in der Mitte, scheinbar Arm in Arm, ziemlich rasch über den Friedrich-Wilhelm-Platz, dann die Goslarstraße, Odenwaldstraße, Kreuznacher, Friesen-, Paulsen-, Grillparzerstraße und Fritschstraße entlang. Vor einem Hause in der Fritschstraße blieben sie stehen, die eine Dame schloß die Haustür auf, ich mußte vorbeigehen, da sie mich bemerkt hatten, blieb aber hinter einer Hausecke stehen und lauschte. Es war aber schon alles ruhig. Die drei müssen alle zusammen in das Haus gegangen sein. Es war Fritschstraße 32. Ich lief schnell die Fritschstraße zurück, unter ständigem Beobachten und Horchen, es war aber nichts zu bemerken. Es ist nicht ganz ausgeschlossen, daß Herr von Pulsnitz unter geschickter Ausnutzung meiner Unsicherheit davongeschlichen ist;

die beiden Damen müssen aber in das Haus gegangen sein, sonst hätte ich sie in der völlig menschenleeren, mäßig erleuchteten Straße sehen oder hören müssen, da ich scharf aufpaßte, sobald ich an ihnen vorbei war. Auf der Karte stellte ich nun fest, daß der Treffpunkt von heute nachmittag ganz in der Nähe war (Ecke Kleist- und Grillparzerstraße), daß also die Dame im blauen Hut hier wohnen mußte. Es war 12 Uhr, als die drei vor dem Hause Fritschstraße 32 standen. Bis 12½ Uhr wartete ich noch in der Nähe des Hauses, da aber nichts erfolgte (nur im Parterre brannte Licht, dort saß aber nur ein alter Herr und las, und im Parterre rechts wurde einmal Licht schnell ein- und ausgeschaltet, wobei ich kichern hörte (!?!), ging ich nach Hause. Ich bekam nur noch Ringbahnanschluß bis Charlottenburg, so daß ich von dort an Droschke nehmen mußte.

Spesen: 42 M. Beobachtungszeit: 13 Stunden.

Kippler.

Bericht 5. Berlin, am 17. Januar 1921.

Es handelte sich darum, festzustellen, wer die Damen waren. Für mich war es zweifellos, daß beide Damen Geschwister waren, welchen Schluß ich aus der gestrigen Beobachtung, die ich von 7–9 Uhr im Prinzeßcafé kontrollierte, zog. Ich begab mich also nach der Fritschstraße. Die Häuser sind klein und zierlich gebaut und gehören der Beamtenwohnungsgesellschaft, werden also nur von Beamten bewohnt. Ich suchte den Portier des Hauses Fritschstraße 32 auf. Ein Portier war nicht vorhanden, wohl aber ein Verwalter, der fünf Häuser unter sich hatte. Er schippte auf der Straße Schnee. Ich trat an ihn heran und es entwickelte sich folgendes Gespräch: „Entschuldigen Sie," sagte ich, indem ich den Hut lüftete, „sind Sie der Herr Verwalter dieses Hauses hier?" – „Ja", antwortete er mürrisch, „was ist denn?" – „Ach, das freut mich aber! Könnte ich von Ihnen wohl eine Auskunft bekommen?" fuhr ich fort, und reichte ihm eine Zigarre, „Sie brauchen sich nicht in Ihrer Arbeit stören zu lassen. Es ist hundekalt und wenn man eine Zigarre hat, arbeitet es sich noch einmal so gut. Hier haben Sie Feuer!" – Seine Miene hellte sich auf und er wurde sehr manierlich, „danke schön. Ja, die Arbeit hört nie auf, im Sommer der Rasen und im Winter der Schnee. Aber was wollen Sie denn wissen? Ich stehe Ihnen gern zur Verfügung." – „Ja", sagte ich, „also passen Sie mal auf. Gestern nacht, so gegen 12 Uhr komme ich von einer Kneiperei die Straße hier runter und sah gerade, wie zwei Damen – na, so etwa 20 bis 25 Jahre alt – hier in das Haus reingingen. Ich wollte vorbeigehen und gucke nochmal nach der Haustüre, da liegt was Schwarzes, und wie ich hingehe, ist's ne Handtasche. Nun möchte ich den Damen gern die Tasche herbringen, da haben sie erst keine Scherereien mit der Polizei, wenn ich sie aufs Fundbüro trage. Können Sie mir vielleicht sagen, wer die Meechens waren? Sie müssen hier in der Nummer 32 wohnen." Er kratzte sich hinter den Kopf und sagte endlich: „Das sind sicher die Hemig-Mädels gewesen — ja, die sind so unachtsam und kommen auch immer spät nach Hause. Sie wohnen im zweiten Stock.“ — „Nun, das ist ja fein“, sagte ich, „da will ich nur gleich mal raufgehen. Sie sind doch zu Hause? Oder sind sie irgendwo in einem Geschäfte?“ — „Ja, die beiden jüngsten sind im Geschäft, nur die älteste nicht, die ist zu Hause.“ — „So? na da werde ich lieber heute abend hingehen, wenn die beiden jüngsten zu Hause sind. Ich wohne ja ganz hier in der Nähe, in der Grillparzerstraße, da ist's für mich bloß ein Sprung. Na, ich danke Ihnen schön, auf Wiedersehen!“

Auf dem Einwohnermeldeamt stellte ich folgendes fest: Der Vater war Sekretär. Die eine hieß Dora und war am 9. August 1893 in Charlottenburg geboren, die nächste hieß Elly und war am 10. September 1895 in Charlottenburg geboren und die jüngste hieß Hertha und war am 6. September 1900 in Charlottenburg geboren. Philipp.

NB. Auf Vorhaltungen, die Frau von Pulsnitz ihrem Gatten wegen seines Verkehrs machte, schrieb die Elly an sie einen Brief, in dem sie der jungen Frau klarzulegen suchte, daß der Verkehr ein rein freundschaftlicher sei, daß — „unsere Gefühle viel zu geschwisterlich sind, um intimere Wünsche in uns aufkommen zu lassen“. Unterzeichnet war der Brief mit A. N. Die Elly war also schlau genug, nicht ihren richtigen Namen darunterzusetzen, da sie es vermeiden wollte, dem Gericht einen Beweis ihres schlechten Gewissens zu geben. Es war nun meine Aufgabe, ein Schriftstück der Elly in die Hände zu bekommen. Durch Schriftvergleichung konnte dann die Identität des Briefes bewiesen werden. Dies glückte mir denn auch. Im Besitze des Herrn von Pulsnitz befand sich ein Gedicht, unterzeichnet mit „Elly", dessen Schrift mit der des Briefes übereinstimmte. Dies Gedicht kam in meinen Besitz[1]) und entpuppte sich als ein überaus wichtiges Beweisstück.

Es folgen noch drei Beobachtungen des Kippler, die aber keine besonderen Resultate brachten.

Diese Beobachtung war nicht sehr leicht, da der Observat infolge des ungeschickten Benehmens meines Kommilitonen von Anfang an mißtrauisch war. Indes ist noch kein Meister vom Himmel gefallen und auch der Detektiv wird an seinen Fehlern lernen müssen. Die gezeigten Beispiele werden ihn etwas in die Praxis der Beobachtungstechnik einführen.

d) Schlußwort.

Am Schlusse des Abschnitts über die Beobachtung möchte ich dem Detektiv noch eine Ermahnung mit auf den Weg geben, und die ist: Schweige über deine Arbeit! Mit Ausnahme seines Chefs und des Mandanten darf

[1]) Auf völlig legale Weise mit Wissen und Genehmigung des Besitzers. Natürlich war ein guter Detektivtrick dabei, den ich aber aus begreiflichen Gründen für mich behalte.

niemand etwas davon erfahren, was der Detektiv bearbeitet. Einen meiner Angestellten fragte einst seine Mutter nach seiner Arbeit. Er antwortete ihr, daß er jemanden, eine Dame, welche in der Hassanstraße 74 wohne, beobachte. „Ach, etwa Frau Schulze?" fragte die neugierige Frau, worauf der Gefragte bejahte – der Wahrheit gemäß. Zwei Tage darauf schrieb die Observatin an den Mandanten einen groben Brief, worin sie sich ernstlich verbat, sie beobachten zu lassen.

Ich habe somit das Hauptsächlichste, was über die Taktik der Beobachtung zu sagen ist, angeführt. Ich will nicht behaupten, daß das Angeführte das Thema erschöpft. Es ließe sich noch gar vieles über die Beobachtung schreiben. Ich habe mich lediglich auf das beschränkt, was der Lernende, der Anfänger wissen soll. Auch die Beobachtung lernt man am besten durch Übung und wird, wenn man einige Erfahrung hat, schwierige Beobachtungen instinktiv richtig ausführen, vorausgesetzt natürlich, daß man einiges Talent hat. Die Aufgabe des Chefs muß es sein, seine Beamten ihren Fähigkeiten entsprechend zu beschäftigen. Manche werden sich gut für Beobachtungen eignen, dagegen nicht für Ermittlungen und umgekehrt.

B. Ermittlungen.

Ich kann mich auch hier nur dahin beschränken, allgemeine Verhaltungsmaßregeln und Grundsätze anzugeben. Jede Ermittlung ist anders und verlangt eine individuelle Behandlung. Auch das Ermitteln ist eine Sache des Gefühls und des Instinktes, wenn auch zu ihm Schlauheit, Geistesgegenwart und Menschenkenntnis unerläßlich sind. Man kann einen Portier oder einen Arbeiter naturgemäß nicht auf dieselbe Art befragen, wie einen Bankdirektor oder einen Universitätsprofessor. Der Detektiv, der eine instinktive Menschenkenntnis besitzt, wird auch gefühlsmäßig stets den richtigen Ton treffen. Eine sachgemäße Ermittlung zu machen, einen Menschen auszufragen, ohne daß er es merkt, ist gar nicht so leicht, wie es den Anschein hat. Das Auftreten des Detektivs, die Art der Fragestellung, das Trinkgeld spricht hier viel mit. Ich werde am Schluß dieses Abschnittes einige klassische Beispiele für Ermittlungen von Conan Doyle, nebst einigen praktischen Ermittlungen von mir bringen. Auch hier gilt der Satz: Exempla rem illustrant!

Wichtig sind insbesondere die behördlichen Auskunftsstellen und die Register, und ich habe nicht verfehlt, sie, soweit sie mir bekannt sind, anzugeben.

a) Ermittlungen bei Privatleuten.

1. Ermittlungen beim Portier, Hauswirt, Verwalter.

Bei Ermittlungen, die über Privatleuten einzuziehen sind, ist wohl eine der besten und beliebtesten Auskunftsperson der Portier oder seine Frau. Portiers sind über die Angelegenheiten der Hausbewohner, sowie deren Dienstboten und Lieferanten (Schlosser, Installateur, Maler, Tapezierer usw.) am besten orientiert. Behördliche und polizeiliche An- und Abmeldungen muß meistens der Portier unterschreiben. Oft führen sie auch Bücher über die Hausbewohner, in denen die genauen Personalien, also Name, Geburtstag, Geburtsort, Stand usw. angegeben sind. Allerdings ist größte Vorsicht am Platze. Niemals darf man dem Portier sagen, worum es sich handelt und was man eigentlich wissen möchte. Und die Hauptsache, die stets zu beachten ist: niemals darf man sich als Detektiv ausgeben, denn dann stößt man stets auf störrischen Widerstand, wenn nicht auf Verhöhnungen. Ebensowenig würde ein Kriminalbeamter Erfolg haben, wenn er sich als solchen ausgeben würde. Diesen Leuten ist nichts peinlicher, als wenn sie mit der Polizei zu tun haben, denn sie haben davon doch nur Scherereien und Laufereien. Es ist die bekannte Polizeiangst des Publikums, die hier mitspricht. Was nun den Privatdetektiv anbetrifft, so ist der Widerstand des Portiers gegen seine Fragen bei dem Ruf, den der Detektiv beim Publikum genießt, kein Wunder. Kein Portier wird sich die Gelegenheit entgehen lassen, einen Detektiv zu verulken, also ihm falsche Mitteilungen zu machen. Vollständig zu verwerfen ist auch ein Mittel, das viele Detektive anwenden: sich als Kriminalbeamter auszugeben, ganz abgesehen davon, daß der Detektiv sich nach dem Strafgesetz strafbar macht. § 132 des Reichsstrafgesetzbuches lautet: „Wer unbefugt sich mit Ausübung eines öffentlichen Amtes befaßt, oder eine Handlung vornimmt, welche nur kraft eines öffentlichen Amtes vorgenommen werden darf, wird mit Gefängnis bis zu einem Jahre oder mit Geldstrafe bis zu 3000 M. bestraft." Ich erinnere nur an die vielen Beispiele, wo Detektive Haussuchungen, Beschlagnahmungen und Verhaftungen vornahmen und daraufhin auf Grund des erwähnten Paragraphen bestraft wurden.

Nun das persönliche Verhalten zum Portier. Hier ist folgendes zu beachten: Es handelt sich hier um einen Vertreter der Arbeiterkreise. Würde man als Gent auftreten, so würde man wenig oder gar keine Auskunft bekommen. Man spielt also ebenfalls den „Proletarier" und wird über die Erfolge erstaunt sein. Vor allem befleißige man sich einer bestrickenden Liebenswürdigkeit und Höflichkeit, das wirkt immer. Natürlich muß man irgendein Motiv angeben[1]). Meine eigenen Tricks gebe ich aus erklärlichen Gründen nicht preis. Der Detektiv möge sich selbst einen Trick austüfteln und ihn gut ausarbeiten, damit er nicht bei einer Lüge ertappt wird. Vor allem muß man versuchen, den Portier zu einer Zigarre und zu einem Glase Bier einzuladen. Hat man ihn einmal so weit, dann kommt man auch weiter. Zum Schluß drückt man ihm ein Geldgeschenk in die Hand mit dem Bemerken, daß man beauftragt sei, die Auskunft des Herrn Portiers zu „honorieren". Man vermeide es, von Trinkgeld zu sprechen, denn daß das Geld vertrunken

---

[1]) Siehe Anuschat, a. a. O.

wird, ist selbstverständlich. Auch soll man sich davor hüten, Trinkgeld zu versprechen und dann nicht zu geben. Das hat zwei Gründe: ganz abgesehen davon, daß es verwerflich ist, zieht man sich seinen Haß zu und er wird nicht versäumen, den betreffenden Personen zu erzählen, daß ein „Kerl" da war, der ihn ausfragen wollte und den er aber hat abfahren lassen. Das tut er schon in der Hoffnung, von der dabei interessierten Person ein Trinkgeld für seine „Verschwiegenheit und Treue" zu bekommen, das ihm das lucrum cessans ersetzen soll. Und zweitens ist es immer möglich, daß die Auskunft nicht genügend war, und man noch mal zu dem Portier gehen muß. Dann wird man sicher an die Luft gesetzt, wenn man ihm das versprochene Trinkgeld das erstemal nicht gegeben hat.

Nun kommt es auch vor, daß etwas ermittelt werden soll, das zwar der Portier nicht weiß, aber leicht ermitteln kann. Dann sagt man eben, der Herr Portier solle doch mal sehen, ob er dies und jenes in Erfahrung bringen kann. Man würde sich gern erkenntlich zeigen usw. Infolge ihrer guten, oft freundschaftlichen Beziehungen zum Dienstpersonal sind die Portiers oft imstande, hervorragende Ermittlungen zu bewerkstelligen, die man natürlich angemessen bezahlt.

Allerdings gibt es nun auch viele Häuser, in denen nur weibliche Portiers fungieren, und ich habe die Erfahrung gemacht, daß mit diesen viel schwerer auszukommen ist, als mit ihren männlichen Kollegen. Das Weib als solches ist mißtrauisch und dummschwatzhaft von Natur. Und dieses Mißtrauen zu parieren, ist die Kunst des Menschenkenners. Insbesondere zeichnen sich Portiersfrauen durch eine enorme Schwatzhaftigkeit aus. Fragt man sie nach den Lebensgewohnheiten des Bankdirektors im ersten Stock, so kann man überzeugt sein, daß sie in zwei Minuten durch geniale Gedankensprünge weiblicher Logik bei den teueren Kartoffelpreisen landet. Sie sind imstande, uns jede kleinste Einzelheit aus dem Leben des Betreffenden zu erzählen — nur nicht das, was wir wissen wollen. Auch solchen Weibern gegenüber gibt man sich ein möglichst ehrbares und solides Ansehen und entwaffnet sie durch Höflichkeit und Liebenswürdigkeit.

Oft kommt es vor, daß alle Liebenswürdigkeit nichts hilft, das Mißtrauen des Portiers oder seiner Frau zu besiegen, daß man eben kein Wort aus ihnen herausbekommt.

In diesem Falle bleibt dem Detektiv schließlich, falls der Portier sich als unergiebig erweist, doch noch der Verwalter und der Wirt. Diesen Herren kann man sich natürlich nicht als „Proletarier" aufspielen, denn sie sind meist gerade das Gegenteil, nämlich Kapitalisten. All right! Man spielt sich ihnen gegenüber eben auch als Vertreter der oberen Gesellschaftsschicht aus. Die Geschichte, der Trick, den man anwendet, muß natürlich dem Bildungsgrad der Leute angepaßt sein. Wenn man bei einem Portier z. B. als Angestellter eines Geschäfts auftritt, ist man beim Hauswirt Prokurist oder Inhaber.

Bezüglich der Frage, wie man die Auskunftspersonen behandeln soll, habe ich folgende Erfahrung gemacht: Man wird nie sehr weit kommen, wenn man sich auf eine niedrigere oder eine höhere Stufe stellt, als die Auskunftsperson. Besonders Leute der unteren Gesellschaftsschichten soll man durchaus höflich und liebenswürdig behandeln, niemals hochnäsig und von „oben herab". Dagegen soll man auch bei gebildeten, reichen und hochstehenden Personen — diese drei Eigenschaften fallen keineswegs immer zusammen — nicht unterwürfig tun. Es gibt viel Leute in hochstehenden Kreisen, die nun einmal keine Knechtesnaturen leiden mögen, und schließlich ist ja auch nicht jedermann dazu geschaffen und veranlagt, jedem Kommerzienrate die verkörperte Devotion vorzuspielen. Man muß hier durch sicheres Auftreten und Selbstbewußtsein Eindruck macheu. Selbst durch Grobheit darf man sich nicht einschüchtern lassen, sondern muß selbstbewußt und sicher auftreten. Gerade bei Ermittlungen ist es von Wichtigkeit, sich nicht einschüchtern zu lassen; hat die Auskunftsperson nämlich einmal den Detektiv eingeschüchtert. so ist es für diesen unmöglich, weitere Fragen zu stellen. Deshalb ist auch die Einführung des Detektives, der Anfang des Gespräches so wichtig. Niemals wird er Auskunft bekommen, wenn er sich als Detektiv aufspielt, ebenso wie ein Kriminalbeamter keine befriedigende

Auskunft erhalten wird, der zu sehr seine Eigenschaft als Polizeibeamter hervorhebt.

2. Ermittlungen bei der Dienerschaft.

Ich muß dringend davon abraten, sich bei wichtigen, schwerwiegenden Ermittlungen an die Dienerschaft des Betreffenden zu wenden. Gewiß, als Detektiv ist man oft gezwungen, Winkelzüge zu machen, die vom gesellschaftlichen Standpunkte nicht einwandfrei genannt werden können. Aber alles muß seine Grenze haben. Und die Dienerschaft des Betreffenden auszuhorchen, ist aus folgenden Gründen nicht anständig; erstens untergräbt es die Autorität der Herrschaft, zweitens schädigt man die Dienstboten selber und drittens führt man diese leicht in Gefahr, Gesetzwidrigkeiten, wie Erpressungen, Nötigungen, Verletzungen fremder Geheimnisse usw. auszuüben. Ich weiß, daß viele schmutzige Winkeldetektive auf den ihrer Ansicht nach originellen Einfall kommen, mit dem Dienstmädchen ein Liebesverhältnis, ja sogar geschlechtliche Beziehungen und Verlöbnis anzuknüpfen, um auf diese Weise über alles, was bei ihrer Herrschaft vorgeht, orientiert zu werden. Diese Taktik ist geradezu schmutzig-gemein und ihr Ausüber verdient neben unserer Verachtung eine tüchtige Tracht Prügel.

Aber ganz abgesehen von der Ehrlosigkeit und Verächtlichkeit eines solchen Verfahrens trägt es auch an sich große Gefahren. Junge Dienstmädchen sind oft ihrer gnädigen Frau sehr ergeben und werden nicht verfehlen, etwaige Ausfrageversuche ihrer Herrschaft mitzuteilen. Ja, sie sind sogar ganz im Recht, wenn sie scheinbar auf ein Verhältnis eingehen, aber ihrerseits den Spieß umdrehen und den Detektiv über seine Absichten aushorchen und ihm falsche Mitteilungen geben, um ihn irrezuleiten. Auch dieser Fall ist oft dagewesen, und jede kluge Hausfrau wird in einem solchen Falle das Geld nicht sparen, um ihr Dienstmädchen zu ihrer Verbündeten zu machen. Kleine, nebensächliche Mitteilungen, etwa über das Ausgehen ihrer Herrschaft, oder ihre Anwesenheit usw. kann man ruhig vom Dienstboten zu erlangen suchen, doch darf man nie die Grenze überschreiten, die einem das Taktgefühl vorschreibt.

3. Ermittlungen bei den Nachbarn.

Auch hier muß vorsichtig operiert werden. Vor allem soll man sich davor hüten, die Person, über die Ermittlungen angestellt werden sollen, den Nachbarn gegenüber schlecht zu machen. Nebensächliches kann man dagegen sehr gut die Nachbarn fragen. Jedoch vergewissere man sich vorher, daß die betreffende Person nicht zu Hause ist. Dann hat man eher ein Motiv, die Nachbarn zu befragen. Unter Nachbarn verstehe ich hier hauptsächlich Flur- und Etagennachbarn. Zuweilen wird man bei Nachbarsfrauen eine recht ertragreiche Ausbeute machen, und zwar aus folgenden Gründen: eine Schwäche des weiblichen Geschlechts — eine von vielen — ist seine Neugierde.

Es gibt Frauen, die bei jedem Geräusch, das sie auf der Treppe hören, am Guckloch stehen. Ein anderer Grund ist auch in einer Feindschaft zwischen den beiden Frauen zu erblicken, und jede wird bei einer Ermittlung über ihre Flurnachbarin ihr Herz erleichtern. Es empfiehlt sich übrigens für den Detektiv, derartigen Aussagen nicht allzuviel Wert beizumessen, sondern sie eher noch einer genauen Nachprüfung zu unterziehen. Frauen kombinieren gern und unlogisch.

4. Ermittlungen bei Verwandten und Bekannten.

Man wird bei Verwandten und Bekannten im allgemeinen recht wertvolle Ermittlungen machen können, sofern man es vorsichtig anstellt. Ich sage auch hier wieder: Der Detektiv soll sich nicht in die Karten sehen lassen. Er muß auch hier irgendein Märchen erzählen [1]). Der Menschenkenner wird gewöhnlich schon bei den

[1]) Bei dieser Gelegenheit kann ich nicht umhin, ein offenes Wort zu sprechen. Es ist doch ein Unterschied, ob man als Detektiv Ermittlungen anstellt, oder als Kriminalbeamter. Der Kriminalbeamte zeigt seine Erkennungsmarke vor und die Leute müssen ihm Rede stehen. Der Detektiv muß schwindeln, da hilft ihm kein Gott. Und in dieser Tatsache liegt sicher mit ein Grund für die Verachtung, die der Detektiv beim Publikum genießt. Er kann den Leuten nicht die Wahrheit sagen, weshalb er kommt, was er bezweckt und was er wissen will, denn dann würde er gar nichts erreichen. Und hier liegt die große Versuchung, die die meisten Detektive auf Abwege bringt. Sie gewöhnen sich das Schwindeln so an, daß sie auch ihre Mandanten

ersten Fragen erkennen, ob der Bekannte der betreffenden Person freundlich gesinnt ist, oder nicht. Und danach hat man sich in seinen Fragen zu richten.

5. Ermittlungen bei den Leuten selbst[1]).

Ich muß offen sagen, und jeder akademische Privatkriminalist wird mir darin beistimmen, daß man die wertvollsten Nachrichten über Personen aus ihrem Munde erfährt. Es ist nicht ganz leicht und es gehört schon etwas Menschenkenntnis und Erfahrung dazu. Auch geht es nicht bei allen Ermittlungen anzuwenden. Schwer ist es insbesondere bei Ehescheidungen und Strafsachen. Aber auch da habe ich schon gute Erfolge erzielt. Hier kommt es auf das gesellschaftliche Benehmen und auf die Einführung des Recherchierenden an. Einst hatte ich bei einer Dame, die geschieden war, den Ehescheidungsgrund festzustellen. Gewiß eine

---

beschwindeln, ja, daß sie auch in ihrem Privatleben schwindeln. Ich glaube, wenn man diese Tatsache mit der Tatsache der geringen Gehälter der Angestellten und der Geldgier und dem Ehrgeiz des Chefs verbindet, dann hat man das Problem gelöst. Und hier ist auch der Punkt, wo die Wege des Schwindlerdetektivs und des reellen Detektivs auseinandergehen. Man kann nämlich auch auf anständige Art schwindeln, und es gibt Detektive, die so ehren- und charakterfest sind, daß sie in diesem Sumpf des Schwindels nicht versinken.

[1]) Es ist schwer, diesen Begriff in ein Wort zu fassen. Ich meine damit die Persönlichkeit, über die Ermittlungen anzustellen sind, oder die verdächtig ist usw., kurz die Hauptperson, um die sich die Ermittlung dreht.

sehr heikle Sache. Die Dame war in Dresden geschieden und wohnte in Berlin. Also war für mich eine persönliche Nachfrage bei Gericht nur mit großen Geldausgaben möglich, zu denen ich nicht befugt war. Ich ging also zu ihr und erzählte ihr, in Dresden wäre das Gerücht ausgesprengt worden, sie wäre als allein schuldiger Teil geschieden worden wegen verschiedener Handlungen, die, wie ich mich vorher genau orientierte, sie nie begangen haben konnte. Ein Justizrat hätte die Sache in die Hand genommen, um die Verleumder zur Anzeige zu bringen. Diese Geschichte entsprang zum Teil der Wahrheit, so daß ich niemals Lügen gestraft werden konnte. Als ersuchter Freund des Justizrates bat ich sie nun, mir die Wahrheit zu sagen, damit den verleumderischen Treibereien energisch entgegengetreten werden konnte. Darauf legte sie mir ihr Scheidungsurteil zur Einsicht vor, aus dem ich die alleinige Schuld des Mannes ersehen konnte.

Viele Ermittlungen gehören schon zur höheren Ermittlungstaktik und erfordern u. a. umfangreiche Vorarbeiten. Man muß genau darauf bedacht sein, keinen Denkfehler zu begehen. Unter einem Denkfehler verstehe ich in diesem Falle z. B. folgendes: wenn man als „Schieber" kommt und einen Gummikragen um den Hals hat, wie es einem Kriminalbeamten passierte [1].

Den Weg, Ermittlungen bei den Leuten selbst vorzunehmen, rate ich dem Anfänger nicht zu be-

[1]) Siehe Anuschat, a. a. O.

schreiten. Denn ein Fehlschritt verdirbt hier die ganze Ermittlung. Erst muß er einmal die Grundlagen der Ermittlungstechnik kennen gelernt haben, ehe er es wagen kann, diesen schweren, aber erfolgreichen Weg einzuschlagen.

6. Ermittlungen bei Banken.

Bankinstitute geben für gewöhnlich keine Auskunft über dortige Guthaben ihrer Kunden. Es ist jedoch für den Detektiv nicht allzu schwer, die Höhe eines Bankguthabens zu erfahren, wenn er sagt, daß er irgendeine große Summe dort einzuzahlen hat. Natürlich muß er die Frage nach der Höhe des Guthabens näher begründen. Weiß man jedoch nicht, ob die betreffende Person ein Guthaben bei einer Bank hat und möchte man das erst feststellen, so bittet man eben den betreffenden Bankbeamten in sicherster und liebenswürdigster Weise[1]), nach dem Hauptkundenregister zu telephonieren und dort anzufragen. Das Hauptkundenregister befindet sich bei der Bankhauptstelle. Wenn man nämlich selber zur Hauptstelle geht, so ist es schon schwieriger, das Gewünschte in Erfahrung zu bringen.

---

[1]) Es kommt hier viel auf das Auftreten des Detektivs an. Je unsicherer er auftritt, desto weniger liebenswürdig sind die Beamten. Es muß leider gesagt werden, daß man am zuvorkommendsten bedient wird, wenn man als hochvalutarischer Ausländer auftritt.

7. Ermittlungen in Hotels, Pensionen.

Ein kleines Beispiel: Ein Pärchen — sie brauchen ja nicht miteinander verheiratet zu sein, meist ist es nur der eine Teil — also ein Pärchen hat nachgewiesenermaßen in einem kleinen Badeort vier Wochen lang in einem Hotel gewohnt. Ich denke hier an einen Ort wie Oberwiesenthal mit fünf bis sechs Hotels und drei bis vier „Heimen". Man soll nun feststellen, was die beiden so getrieben haben. Man wird also die Runde machen und ein Hotel nach dem anderen abklopfen. Da kommt als erste Instanz der Herr Portier in Frage. Portiers müssen manchmal behandelt werden wie rohe Eier. Viele von ihnen beziehen Ministergehälter und sprechen fließend sieben Sprachen, ebenso die Geschäftsführer des Hotels. Viele sind pleite gegangene Hotelbesitzer und Offiziere, so etwa vom Leutnant bis zum Hauptmann a. D. Ich habe jedoch unter ihnen schon einen General, einen Baron und drei Bankdirektoren getroffen. Man sieht also: unter ihnen ist die Crême der Gesellschaft vertreten. Man zieht also Glacéhandschuhe an, Zylinder, Besuchsanzug und macht eine höfliche Verbeugung. Tritt man jedoch als Amerikaner oder Engländer auf, so ist eine Verbeugung und sonstige Höflichkeiten nicht nötig, da man in Deutschland nur dann für einen waschechten Ausländer gehalten wird, wenn man sich unhöflich und flegelhaft benimmt. Daß man dem Portier die Wahrheit sagt, ist nicht unbedingt notwendig. Er glaubt es ja doch nicht. Während des Gesprächs läßt man in diskreter Weise einen größeren Schein durch die Finger gleiten. Doch vermeide man es, ihm diesen in die Hand zu geben. Man läßt ihn einfach auf dem Tisch liegen und vergißt, ihn mitzunehmen. Hat man nun erfahren, was man zu erfahren wünschte, also Datum des Ein- und Auszuges, die „Notabene" (— — nebst Frau, — — und Gemahlin, — — mit Schwester, — — und Kusine), Zimmernummer und Höhe der Rechnung, dann quartiert man sich auf einige Tage, womöglich in demselben Zimmer ein und klingelt alle Viertelstunden nach dem Stubenmädchen. Wenn man ihr gegenüber nicht allzu knickerig ist, wird man von ihr alles erfahren können. Stubenmädchen lauschen nie an den Türen, bewahre! Was sie gehört haben, wurde „im Vorbeigehen aufgeschnappt". Ein kleines, nettes Stubenmädchen im Hotel auszufragen, ist ein psychologischer Genuß. Wenn man dann noch mit dem Oberkellner „Brüderschaft trinkt[1])", und den Hausknecht „lieben Freund" nennt, dann hat man das Material beisammen.

8. Ermittlungen in Restaurants und anderen Gaststätten.

Junge Geschäftsführer sind gar nicht so unzugänglich, wie sie scheinen — und vor allem sind sie einem Sherry Cobbler gegenüber keine Barbaren. Auch Kellner sind bereitwillige Auskunftspersonen. Natür-

[1]) Auch der Kommissionär des Hotels ist eine gute Auskunftsperson.

lich richtet man sich ganz nach dem Milieu. Ist's ein internationales Café, so stellt man sich als Mister Sneabs aus New York vor; ist's ein Sportcafé, so ist man Trainer Stubbs und gibt dem Kellner einige „totsichere Tips“ für das nächste Rennen, die man kurz vorher im Lokal-Anzeiger gelesen hat; ist's ein Filmcafé, so ist man Regisseur Piefke, der morgen den dreihundertachtundneunzigsten Inge-Helgard-Film drehen wird. Kurz, man muß sich eben der Situation gewachsen zeigen und selbstbewußt, aber nicht hochnäsig auftreten. Die Ermittlungen dürften sich auf die Zechen der Person, über die Ermittlungen angestellt werden sollen, erstrecken, über ihren Verkehr mit anderen Personen (Stammtisch, Kränzchen, Skatklub) und über das Besuchen der Gaststätte. Es geht alles zu machen. Rausgeworfen wird man nur, wenn man sich als Privatdetektiv vorstellt.

9. Ermittlungen in Geschäften und Büros.

Die Ermittlung kann sich erstrecken auf Einkäufe, Anzahlungen, Monatsrechnung usw. In kleinen Geschäften wende man sich an den Inhaber persönlich unter irgendeinem Vorwand, etwa: ein unbekannter Gönner will die Schulden bezahlen, im schlimmsten Falle: Konkurs des Betreffenden. In größeren Geschäften muß man natürlich die einzelne Verkäuferin oder Kassiererin befragen. Sollen persönliche Ermittlungen über Angestellte vorgenommen werden, etwa betreffs Führung und Gehalt, so wende man sich nur dann an die anderen Verkäuferinnen, wenn die Betreffende nicht anwesend ist, sonst an den Buchhalter oder Chef.

10. Ermittlungen in Fabriken.

Bei Ermittlungen über Arbeiter wende man sich an den Werkführer oder an den Betriebsrat. Handelt es sich um dingliche Ermittlungen über Waren, Maschinen, Umsatz usw., so muß man sehen, daß man bei Feierabend einen Arbeiter abfängt und ihn zu einem Glase Bier einladet. Höher als bis zum Portier oder zum Betriebsrat zu gehen, ist nicht ratsam, da man leicht in den Verdacht kommt, Handelsspionage zu treiben. Weiß ein Arbeiter nichts über den zu ermittelnden Gegenstand zu sagen, so wird er doch die zum Befragen geeignete Stelle angeben können, an die man sich wendet.

11. Ermittlungen in Sanatorien und Krankenhäusern.

Ermittlungen über Krankheiten sind nur sehr vorsichtig zu bewerkstelligen, da hier das Berufsgeheimnis der Ärzte zu beachten ist, dem auch die Krankenschwestern unterstehen. Man muß hier auf Umwegen vorgehen. Die meisten Krankenhäuser und Sanatorien verfügen über verschiedene Stationen, auf denen die Patienten je nach der Art ihrer Krankheit untergebracht werden. Die Station, auf der der Betreffende gelegen hat, wird also zuerst und nicht allzu schwer zu ermitteln sein. Dann wird ermittelt, welche Krankheitsarten auf dieser Station behandelt werden. Hat man dieses ermittelt, dann begibt man sich eben nach dieser Station und versucht dort, die Oberschwester oder die behandelnde Schwester auszuhorchen, jedoch niemals den Arzt[1]). (Siehe Beispiel S. 120.)

12. Ermittlungen im Tattersall.

Der Tattersall ist das Heiratsbüro der Haute volée. Hier spielen sich Ehebruchsdramen, Scheidungen, Bekanntschaften, „Entführungen" und „Verführungen" tagtäglich ab. Derjenige, der darüber genau Bescheid weiß, ist der Stallmeister. Ermittlungen sind hier in folgender Weise zu bewerkstelligen: Ein Beamter, der sehr gut reiten kann und tadellose Umgangsformen hat, geht im eleganten Reitdreß in den Tattersall, reitet eine oder zwei Stunden und stellt sich dem Stallmeister vor. Am Schluß lädt er ihn zu einer Flasche Wein ein (der Detektiv ist hier mindestens ein Oberleutnant a. D.) und klopft recht diplomatisch auf den Busch. Er wird erstaunt sein, über welche enormen Kenntnisse die Stallmeister über die intimsten Angelegenheiten ihrer Schüler — und hauptsächlich ihrer schönen Schülerinnen — verfügen.

---

[1]) Natürlich muß es der Ehrenhaftigkeit des Detektivs überlassen werden, festzustellen, ob der Auftraggeber ein berechtigtes Interesse an dieser Ermittlung hat. Für einen dunklen Ehrenmann soll der Detektiv nicht derartige Ermittlungen vornehmen, da leicht Erpressungsabsichten dahinterstecken können.

13. Ermittlungen im Theater.

Die Leute, die hinter den Kulissen und in den Ankleidegarderoben der Schauspieler tätig sind, wissen genau Bescheid über deren persönliche Verhältnisse. Die Frau oder das Mädchen, das der Diva beim Ankleiden behilflich ist, kann genau sagen, welcher Verehrer den größten Strauß schickt und mit welchem die Diva nach der Vorstellung soupieren geht. Die Schauspielerinnen machen ihren Ankleidefrauen gegenüber gewöhnlich keine Mördergrube aus ihrem Herzen, sondern unterhalten sich mit ihnen über ihre Angelegenheiten beim Ankleiden. Allerdings darf man nicht merken lassen, was man eigentlich erfahren möchte und warum man fragt. Auch darf man mit dem Gelde nicht sparen, denn Ankleidefrauen bekommen viele und hohe Trinkgelder von ihrer Diva und deren Anbetern — — — um zu schweigen. (Siehe auch Register.)

14. Ermittlungen in Vereinen.

Wenn man Gelegenheit hat, sich eine Studentenkarte zu leihen, bekommt man leicht Zutritt zu studentischen Korporationen, indem man angibt, eintreten zu wollen. Dann kann man als Gast an offiziellen Kneipen teilnehmen, wird sehr höflich und zuvorkommend behandelt und kann jede Auskunft bekommen. Bei Vereinen wird einem der Vorstand oder Vereinsdiener Auskünfte geben können, sofern man nicht dasselbe Mittel anwendet, wie bei studentischen Korporationen.

b) Ermittlungen bei Behörden.

Über gewisse Angelegenheiten der Finanzen und der Persönlichkeit geben Behörden Auskunft, teils freiwillig, teils unfreiwillig, teils gratis, teils gegen Gebühren.

1. Ermittlungen bei der Vormundschaftsbehörde.

Über Vormundschaftssachen, Kindesvermögen, uneheliche Kinder usw. gibt die Vormundschaftsbehörde Auskunft. Sie ist dem Amtsgericht angegliedert. Es kommt für den Detektiv darauf an, daß er einen vertrauenerweckenden Eindruck macht. Ist z. B. über die uneheliche Vaterschaft eines Kindes bei der Behörde nichts zu erfahren, so wird er versuchen müssen, den Vormund des Kindes in Erfahrung zu bringen, von dem er alles Wissenswerte leichter erfahren wird, als von Justizbeamten.

2. Ermittlungen im Handelsregister.

Hier kann man einsehen, was für die persönlichen und finanziellen Angelegenheiten des Kaufmanns und den Betrieb der Firma von Wichtigkeit ist. Der § 9 des Handelsgesetzbuches sagt:

„Die Einsicht des Handelsregisters, sowie der zum Handelsregister eingereichten Schriftstücke ist jedem gestattet.

Von den Eintragungen kann eine Abschrift gefordert werden; das gleiche gilt in Ansehung der zum Handelsregister eingereichten Schriftstücke, sofern ein berechtigtes Interesse glaubhaft gemacht wird. Die Abschrift ist auf Verlangen zu beglaubigen.

Das Gericht hat auf Verlangen eine Bescheinigung darüber zu erteilen, daß bezüglich des Gegenstandes der Eintragung weitere Eintragungen nicht vorhanden sind oder daß eine bestimmte Eintragung nicht erfolgt ist."

Weiteres siehe im juristischen Teil. Wichtig ist auch das Genossenschaftsregister. Beide Register befinden sich zur Einsicht beim zuständigen Amtsgericht. (Siehe die Musterformulare S. 156–163.)

3. Ermittlungen beim Grundbuchamt.

Regelmäßig führen die Grundbuchämter die Amtsgerichte. Das materielle Grundbuchrecht ist im Bürgerlichen Gesetzbuch, das formelle in der Grundbuchordnung geregelt. Letztere bestimmt im § 11 weiterhin folgendes:

„Die Einsicht des Grundbuchs ist jedem gestattet, der ein berechtigtes Interesse darlegt. Das gleiche gilt von Urkunden, auf die im Grundbuche zur Ergänzung einer Eintragung Bezug genommen ist, sowie von den noch nicht erledigten Eintragungsanträgen.

Soweit die Einsicht des Grundbuchs, der im Abs. 1 bezeichneten Urkunden und der noch nicht erledigten Eintragungsanträge gestattet ist, kann eine Abschrift gefordert werden; die Abschrift ist auf Verlangen zu beglaubigen."

Leider, und gänzlich unberechtigterweise, wird dieses Einsichtsrecht von den Grundbuchbeamten sehr engherzig gehandhabt. Es kommt also auf die Darlegung eines berechtigten Interesses an, d. h. man erzählt, daß man das betreffende Grundstück kaufen oder eine Hypothek darauf geben will.

Über jedes Grundstück wird ein Grundbuchblatt angelegt. Dieses Grundbuchblatt besteht seinerseits wieder aus mehreren Seiten, auf denen alles Wichtige, das Grundstück Betreffende, notiert ist. Bei Auskünften über Vermögen, auch bei Heiratsauskünften, verlohnt sich schon eine Einsichtnahme in das Grundbuch. (Siehe Musterformulare S. 164—171.)

4. Ermittlungen im Vereinsregister.

Es wird ebenfalls vom Amtsgericht geführt. Eine Einsicht ist sehr zu empfehlen; allerdings sind nur die Vereine eingetragen, die hinter ihrem Namen den Vermerk „E. V.“ (Eingetragener Verein) führen.

Der § 79 BGB. sagt:

„Die Einsicht des Vereinsregisters, sowie der von dem Verein bei dem Amtsgericht eingereichten Schriftstücke ist jedem gestattet. Von den Eintragungen kann eine Abschrift gefordert werden; die Abschrift ist auf Verlangen zu beglaubigen.“ (Siehe Musterformular S. 172/173.)

5. Ermittlungen im Güterrechtsregister.

Aus ihm kann man die etwaige Gütertrennung der Ehegatten ersehen, die unter Umständen für die

Gläubiger des Mannes von großem Interesse sein kann. (Siehe Musterformular unten.)

Güterrechtsregister (geführt am Amtsgericht).
Bezeichnung der Ehegatten: Gerber, Leo, Kaufmann zu Berlin und Erna geb. Zehde.

Nummer der Eintragung	Rechtsverhältnis	Bemerkungen
1.	Der Mann hat das Recht der Frau, innerhalb ihres häuslichen Wirkungskreises seine Geschäfte für ihn zu besorgen und ihn zu vertreten, ausgeschlossen (Blatt 1 der Akten) 1. Oktober 1919 Vogel	
2.	Durch Vertrag vom 5. Oktober 1919 ist Gütertrennung vereinbart 6. Oktober 1919 Vogel	

§ 1558 Abs. 1 BGB.:

„Die Eintragungen in das Güterrechtsregister haben bei dem Amtsgerichte zu geschehen, in dessen Bezirke der Mann seinen Wohnsitz hat."

§ 1563 BGB.:

„Die Einsicht des Registers ist jedem gestattet. Von den Eintragungen kann eine Abschrift gefordert werden; die Abschrift ist auf Verlangen zu beglaubigen."

6. Ermittlungen im Schiffsregister.

Es existiert ein Formular für Seeschiffe (Reichsgesetz betr. das Flaggenrecht der Kauffahrteischiffe vom 22. Juni 1899) und eins für die Binnenschiffahrt (Reichsgesetz betr. die privatrechtlichen Verhältnisse der Binnenschiffahrt vom 15. Juni 1895, in der Fassung der Bekanntmachung vom 20. Mai 1898). Das Schiffsregister wird vom Amtsgericht geführt. (Siehe Musterformulare S. 174/175.)

7. Ermittlungen beim Standesamt.

Das Standesamt gibt Auskunft über Eheschließungen, Todesfälle, Geburten, ferner über Adoptionen. Die Auskünfte kosten meistens eine geringe Gebühr. Personenstandesgesetz § 12.

8. Ermittlungen beim Gewerbesteueramt.

Hier kann man die Rechtsverhältnisse derjenigen Firmen einsehen, die nicht ins Handelsregister eingetragen sind. Denn jedes Geschäft muß bei dem Gewerbesteueramt angemeldet werden. Dieses Amt gibt offiziell keine Auskünfte. Es kommt also hier für den Detektiv darauf an, unter irgendeinem wichtig klingenden Vorwand die gewünschte Auskunft zu erlangen.

9. Ermittlungen beim Gericht.

Hier kann man natürlich allerlei erfahren, was unter Umständen von Interesse ist. Die Akten sind nach dem Namen des Angeklagten im Strafprozeß, nach beiden streitenden Parteien im Zivilprozeß genannt. Je nach den Anfangsbuchstaben der Akten sind im Strafprozeß Abteilungen gebildet, bei jeder Staatsanwaltschaft gewöhnlich 20, bei größeren Landgerichten bis 30. Jede Abteilung hat ihr alphabetisches Register, in das alle im Prozeß vorkommenden Angeklagten und ihre Genossen nebst Aktenzeichen eingetragen werden. Man kann daraus das gewünschte Aktenzeichen erfahren. Auskunft wird offiziell natürlich nicht erteilt. Bei der Unmenge von Strafsachen jedoch, die z. B. in einer Stadt wie Berlin laufen, ist es immerhin fraglich, ob man das Gesuchte findet. Besser ist man schon dran, wenn man das Aktenzeichen hat. Dieses zeigt man dem Portier des Gerichtsgebäudes, der dann daraus ersehen wird, zu welcher Staatsanwaltschaft oder Amtsanwaltschaft das Aktenzeichen gehört. Jede Staats- oder Amtsanwaltschaft hat ihr Zentralienbüro. Dort erfährt man, in welchem Zimmer und in welcher Abteilung die Sache bearbeitet wird. Es ist zweckmäßig, hier lediglich dieses zu erfragen, da der Justizobersekretär, der das Zentralienbüro leitet — meist ein älterer Beamter, der schon sehr lange im Dienst ist —, sich nicht so leicht ausfragen läßt, als die jungen Aktuare und Justizanwärter, die den einzelnen Abteilungen vorstehen. Man geht also dann zu der betreffenden Abteilung und wird dort, wenn man sich nicht gar zu naiv anstellt, erfahren, was man zu wissen wünscht.

10. Ermittlungen beim Einwohnermeldeamt.

Das Einwohnermeldeamt befindet sich im Polizeipräsidium. Man kann dort offiziell gegen Gebühren die Adresse, Vornamen, Geburtsdatum, Geburtsort, sowie etwaige Geschwister und Kinder erfahren. Vermerkt wird auf den Blättern auch, ob und von wem der Betreffende gesucht wird (meist ein Hinweis auf die Nummer des Fahndungsblattes). Dies kann mitunter das wichtigste für die Ermittlung sein, es wird jedoch nicht bei der Auskunft mitgeteilt. Jedoch ist es möglich, daß bei dringenden, wichtigen Kriminalfällen diese Notiz mitgeteilt wird.

11. Ermittlungen beim Polizeirevier.

Hier kann man nur sehr wenig erfahren, die Polizeireviere sind außerordentlich diskret. Hat man jedoch eine Bescheinigung vom Einwohnermeldeamt, die dem Revier gegenüber als Ausweis gilt, so wird man mehr Erfolge haben. Diese Bescheinigung wird ausgestellt, wenn man den letzten Wohnort des Gesuchten weiß und der neue Wohnort noch nicht beim Meldeamt verzeichnet ist. Man bittet deshalb, zwecks Ermittlung der Geburtsdaten usw. beim Revier vom Einwohnermeldeamt eine solche Bescheinigung ausstellen zu lassen. – Nun gibt es allerdings auch noch Personen, die aus schwerwiegenden Gründen ihre Adresse „gesperrt" haben. Kein Einwohnermeldeamt und kein Revier wird dem Nachfragenden eine gesperrte Adresse mitteilen. Nur das Gericht erhält Auskunft.

12. Ermittlungen beim Polizeiamt.

Auch hier muß, wie beim Gewerbesteueramt, jedes Gewerbe, jedes neu eröffnete Geschäft angemeldet werden. Die Registrierung besorgt die Gewerbepolizei, an die man sich zu wenden hat.

13. Ermittlungen in der Gefängnisauskunftei.

In den Gefängnissen befinden sich kleine Büros, wo man Auskünfte über Gefangene erhalten kann. Allerdings beschränken sich diese Auskünfte auf rechtliche und persönliche Angelegenheiten, z. B. Termine, Aktenzeichen, Einlieferungstermin usw. So hatte ich einmal den Verhandlungstermin für einen Untersuchungsgefangenen zu ermitteln. Jeder Gefangene erhält eine Nummer im Gefangenenbuch. Dort steht auch sein Aktenzeichen. Dieses Aktenzeichen erhielt ich, ging damit zur zuständigen Staatsanwaltschaft und erfuhr, was ich wissen wollte.

14. Ermittlungen bei der Heeresabwicklungsstelle.

In Angelegenheiten von Offizieren des früheren, aber auch des gegenwärtigen Heeres, muß man sich an die Heeresabwicklungsstelle in Berlin wenden, die nach dem Kriege eingerichtet worden ist. Über jeden Offizier des gesamten deutschen Heeres befinden sich dort Akten, aus denen man Geburtsdaten, Familienverhältnisse, Aufenthaltsorte und Adressen von Offizieren erfahren kann. Manche Akten befinden sich in einem Geheimarchiv, aus dem man keine Auskunft — offiziell — erhält. Das Geheimarchiv untersteht mehreren Geheimen Rechnungsräten. Oft wird man nicht die Adresse des Gesuchten aus den Akten erfahren können, da viele Offiziere schon seit Jahren keine Beziehungen mehr zur Abwicklungsstelle haben. In diesem Falle wird man sich aus ihren Akten die Adressen etwaiger Verwandten, Vorgesetzten oder Kameraden abschreiben können, um von diesen die gewünschte Adresse zu erhalten.

15. Ermittlungen in Lehranstalten.

Schriftproben von Personen, ferner Auskünfte über Leistungen und Betragen während der Schulzeit erhält man bereitwilligst in den Schulen.

Universitäten führen Register, in denen Name, Geburtsdatum, Geburtsort, Fakultät, Matrikelnummer und das Datum der Immatrikulation nebst Adresse aller Studierenden angegeben ist. Auch hier erfährt man Näheres über bestandene Examen, erhaltene Stipendien usw.

16. Ermittlungen bei der Post.

Auf den Postämtern kann man ohne allzu große Schwierigkeiten Tatsachen erfahren, die von Interesse sind, insbesondere über Aufgabeorte von Postsendungen, Aufgabezeit, Annahmeverweigerung usw. Allerdings darf man nicht versuchen, offiziell das Postgeheimnis brechen zu wollen. Das darf nur das Gericht in manchen Fällen. Der Weg zur Auskunftserteilung der Post geht über den Postdirektor.

17. Ermittlungen beim Finanzamt.

Besonders wichtige Erkundungen über Vermögen, Wertpapiere, Hypotheken, Steuern usw. kann man bei dem zuständigen Finanzamt bekommen. Daß das Finanzamt zum Schweigen verpflichtet ist, ist selbstverständlich. Indes wird es für den findigen Detektiv nicht allzu schwer sein, auch von Finanzämtern Auskunft zu erhalten.

c) Beispiele.

Als Anhalt gebe ich noch einige Beispiele aus meiner Praxis nebst einigen Schulbeispielen von Conan Doyle, dem Erschaffer des Sherlock Holmes.

1. Ermittlung im Krankenhaus.

Ein Herr, der die Absicht hatte, sich in Bälde mit einer jungen Dame, die lange Zeit krank gewesen war, zu verloben, wollte gerne festgestellt haben, woran die junge Dame gelitten habe. Er wandte sich deshalb an einen Detektiv, dessen stärkste Seite seine Reklame war, und beauftragte ihn mit der Feststellung. Nach vier Tagen kam der Herr Detektiv wieder, präsentierte seine Rechnung und behauptete: Seines Erachtens wäre die junge Dame tuberkulös. Jedoch könne er — er wäre einer von den reellen und anständigen Detektiven — das ärztliche Berufsgeheimnis nicht brechen. Dann zog er befriedigt mit seinem Honorar von dannen und ließ den armen Bräutigem in spe in größter Bestürzung zurück. Der junge Mann bat mich nun, mein Glück zu versuchen. Ich wandte mich zuerst ans Hauptbüro und fragte an, auf welcher Station die Dame gelegen habe. Ich war sehr überrascht, als ich sehr scharf ins Kreuzverhör genommen wurde. Die Leute wollten von mir wissen, was meine Frage zu bedeuten habe. Mir kam sofort der Gedanke, daß mein Vorgänger irgendeine Dummheit begangen habe. Ich erzählte deshalb ganz harmlos wie ein neugeborener Waisenknabe folgendes: Ein Paket sei an die Dame abgesandt worden, nachdem sie schon das Krankenhaus verlassen habe. Dieses Paket müsse also jetzt noch auf dieser Station liegen und ich wolle es abholen. Diese Erklärung war befriedigend. Ich erfuhr, daß die Dame auf der Station J gelegen habe. Darauf ging ich zum Portier, gab ihm eine Zigarre und knüpfte mit ihm ein Gespräch an, in dessen Verlauf ich ihn die einzelnen Stationennamen und ihre Bedeutung aufzählen ließ. Station J bedeutete: Station für innere Krankheiten. Aber ich erfuhr noch viel mehr von ihm, nämlich einige interessante Details aus der Tätigkeit meines edlen Vorgängers, des Reklame-Sherlock Holmes. Er war gekommen und hatte gesagt, er sei Mitarbeiter des Polizeipräsidiums und wünsche zu wissen, was Fräulein X. gefehlt habe. Der Chefarzt, ein alter, freundlicher Herr, erwiderte ihm, daß er das wegen des Berufsgeheimnisses der Ärzte nicht sagen könne. Darauf war der edle Vorkämpfer für Wahrheit und Recht aufgesprungen und hatte gesagt: „Wir wissen schon lange, daß bei Ihnen abgetrieben wird. Wenn Sie mir nicht gleich sagen, was der Dame gefehlt hat, zeige ich Sie sofort an[1])." Der Chefarzt wußte erst nicht, ob er weinen oder lachen sollte, entschloß sich schließlich zu letzterem und erklärte im ernsthaftesten Tone, es müsse ein Irrtum vorliegen, in seiner Anstalt würden nur bei Schwindsüchtigen Abtreibungen vorgenommen, Schwangere würden durch Höhensonnenbestrahlung, Gebirgsluft und Lebertran behandelt. Seit der Herr Mitarbeiter der Polizei anwesend wäre, würden aber auch Verrückte behandelt und er wolle mit ihm gleich den Anfang machen. Dann ließ er den Detektiv durch den Portier und einen Wärter sanft die Treppe hinunterwerfen. Nachdem ich auf diese Weise die unvergleichliche Arbeitsmethode des Sherlock Holmes Redivivus erfahren hatte, begab ich mich zur Station J. Es war mir klar, daß meine Arbeit durch das intelligente Vorgehen meines Vorgängers sehr erschwert war, und daß ich überall auf Mißtrauen stoßen würde. Ich sprach mit der Oberschwester. Meine Schwester, so erzählte ich ihr, indem ich meinen treuherzigsten Augenaufschlag machte, habe Gallensteine und möchte hierher zur Behandlung. Und ich fragte, was die Behandlung wohl kosten würde und wie lange sie dauere. Als sie mir die Zeit und das Honorar nannte, fuhr ich entrüstet empor: „Was?! Soviel Geld und solange Zeit? Und Fräulein X, die vor acht Tagen von hier entlassen wurde, hat nur solange gebraucht und viel weniger bezahlt?!" — „Ja", sagte die Oberschwester sanft, „Fräulein X. hat auch nicht Gallensteine, sondern Blinddarmentzündung gehabt. Und außerdem war sie viel länger da, als Sie sagen." Sie sah in ihr Buch nach. „Sie war sechs

---

[1]) Ein beliebtes Mittel der Schwindlerdetektive. Sie nennen es „die Pistole auf die Brust setzen" und wenden es bei allen Gelegenheiten an. Davor ist dringend zu warnen, denn der Detektiv macht sich dadurch leicht einer Nötigung schuldig.

Wochen hier und hat so und soviel gezahlt. Also beinahe genau soviel, wie ich Ihnen genannt habe."

2. Adressenermittlung.

Ein junger Herr der Gesellschaft hatte in Partenkirchen eine junge Dame kennen gelernt, an der er sein Herz verlor. Plötzlich reiste sie und ihre Eltern ab, ohne ihre Adresse zu hinterlassen. Er hatte keine Ahnung, wo sie wohnen könne, er wußte nur ihren Namen und die Tatsache, daß ihr Vater früher Kommandeur eines preußischen Infanterieregiments war. Er wandte sich an ein Dresdener Detektivbüro mit dem Ersuchen um Feststellung der Adresse, und dieses bat mich, die Angelegenheit zu regeln. Die Hauptsache bei Detektivarbeiten, mögen sie nun zivilrechtlicher oder strafrechtlicher Natur sein, ist, daß man klar und methodisch vorgeht. Die erste Frage, die man sich stellt, ist: Was weiß ich? Ich wußte: 1. Die Dame hieß Ursula von Riesinghoff. 2. Sie war zwanzig Jahre alt, mußte also 1901 geboren sein. 3. Sie war blond. 4. Sie spielte wundervoll Geige. 5. Sie war im Sommer 1919 mit Eltern in Partenkirchen. 6. Ihr Vater war Kommandeur des xten Infanterieregiments in Posen gewesen. 7. Ihr Bruder fiel als Fähnrich eines Garde-Artillerieregiments in Frankreich. 8. Die Familie hielt sich in München auf und soll sich in der Umgegend von Wiesbaden angekauft haben. Diese acht Punkte standen unumstößlich fest und waren eine reelle Grundlage. Eine Anfrage bei dem Hotel in Partenkirchen ergab nichts, ebenso eine Anfrage in München. Damit erledigten sich die beiden Ortsangaben, von denen ich ausgehen konnte. Es blieb mir noch Punkt 6. Ich mußte die Aufenthaltsorte des Obersten von Riesinghoff von Posen aus verfolgen. Auf der Heeresabwicklungsstelle stellte ich fest, daß der Oberst Eduard von Riesinghoff jetzt in Friedenau wohnt. Er hat eine Tochter, die verheiratet, und einen Sohn, der Artilleriehauptmann ist. Dies mußte mich natürlich stutzig machen, denn es widersprach den feststehenden Punkten 2 und 7. Nichtsdestoweniger besuchte ich den alten Oberst. Er wohnte mit einer Wirtschafterin in einem vornehmen Hause. Der Portier machte mir einige interessante Mitteilungen, die ich gut verwenden konnte. Danach hatte vor nicht allzu langer Zeit beim Oberst ein Leutnant a. D. gewohnt, der ein „großes Schwein" gewesen sein soll und von Zeit zu Zeit Besuche eines ordinären Frauenzimmers bekommen haben soll. Der Leutnant hatte auf des Obersten Namen große Einkäufe gemacht und nicht bezahlt, bis ihn der Oberst an die Luft setzte. Die Tochter soll mit einem Reichswehroffizier verheiratet sein und ein sechsjähriges Kind haben. Der Sohn soll in Charlottenburg wohnen und Major a. D. sein. Diese letzten Angaben überzeugten mich davon, daß dieser Oberst nicht mit dem Gesuchten identisch war. Ich besuchte nun den Oberst und gab an, daß sich in Leipzig vor Gericht eine Dame als Ursula von Riesinghoff ausgegeben habe. Das Gericht bezweifele jedoch die Richtigkeit ihrer Personalangaben, und ich sei beauftragt, das Nähere festzustellen. Der Oberst war ergrimmt und schwur hoch und teuer, daß das „seine Nichte Ursula" nicht sei, sondern das „Mensch" dieses Leutnants, seines ehemaligen Untermieters. Ich stellte ferner fest, daß der Oberst nicht 1919 in Partenkirchen war. Die gesuchte Dame war also die Nichte des Obersten, ihr Vater dessen Bruder Gustav, der erst während des Krieges Oberst geworden war, und zuletzt in Köln stand. Ich ging also wieder zur Abwicklungsstelle und stellte durch stundenlanges Aktenwühlen noch zwei Riesinghoffs fest, einen Major Wilhelm v. R., der in München wohnte (bei ihm war also die Familie zu Besuch gewesen), und einen Major Fritz v. R. in Charlottenburg, der der Sohn des Obersten aus Friedenau war. Der richtige war also nicht darunter. In solchen verzwickten Familiensachen tut man immer gut daran, sich die Sache graphisch darzustellen. Die Sachlage war also folgende:

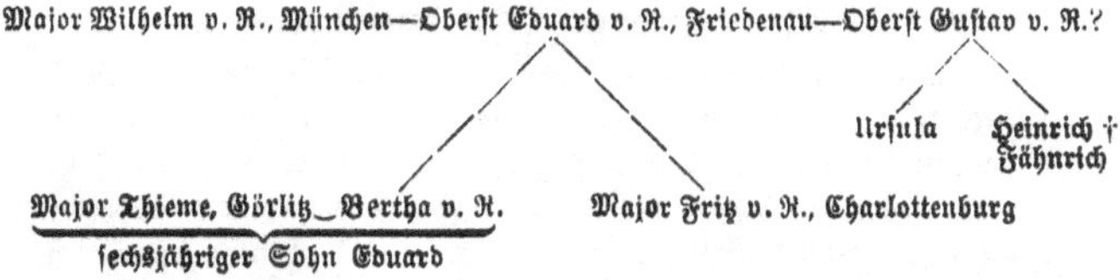

Soweit hatte ich die Wohnorte aller Riesinghoffs mit Ausnahme des Gesuchten festgestellt. Mein Beamter ermittelte[1]), daß der Mann der Bertha v. R. ein Major Thieme war, der bei der Reichswehr in Görlitz stand. Der Gesuchte mußte also irgendwo in der Heeresabwicklungsstelle zu finden sein und ich stürzte mich abermals in die Akten. Endlich, nach stundenlangem Suchen, fand ich ihn. Und zwar war seine Auffindung deshalb so schwierig, weil er inzwischen Generalmajor geworden war, während die Beamten unter Oberst nachsuchten. Meine Freude war jedoch von kurzer Dauer, denn der Generalmajor war zur Reichswehr übergetreten und seine Akten ins Geheimarchiv gekommen, aus dem keine Auskünfte erteilt werden. Die Angaben, die ich mir aus dem Geheimarchiv verschaffte, trafen jedoch alle zu und ich stellte fest, daß der Gesuchte in Minden war. Allerdings machte es nun noch Schwierigkeiten, die Ursula aufzufinden, denn diese wohnte mit ihrer Mutter wieder an einem anderen Ort. Da kam mir der Zufall zu Hilfe. Ich besuchte eines Tages wieder den alten Oberst in Friedenau und er teilte mir freudestrahlend mit, daß er eine Karte von seiner Nichte Ursula vom Rittergut Grünau im Hannoverschen bekommen hätte. Sie weilte dort zur Erholung mit ihrer Mutter. Endlich, nach vier Tagen angestrengter Arbeit, hatte ich das Resultat erhalten und konnte dem Bräutigam in spe zugleich den ganzen Stammbaum der Riesinghoffs aufzählen. Ja, ja, der Detektiv muß zähe sein und Geduld haben.

---

[1]) Im Reichswehrministerium.

3. Die Ermittlungstechnik von Conan Doyle.

Die Detektivromane von Sir Arthur Conan Doyle sind kriminalwissenschaftlich außerordentlich wertvoll und werden seitens der Kriminalpolizei viel zu wenig gewürdigt. Dies ist um so bedauerlicher, als gerade bei kriminalpolizeilichen Ermittlungen oft Plumpheiten und Fehler begangen werden, die jeder Beschreibung spotten.

Dem Privatdetektiv möchte ich einige Beispiele von Ermittlungen des Sherlock Holmes mitteilen, die erstens deshalb besonders wichtig sind, weil sie für den Befragten unauffällig gemacht sind, und zweitens, weil Sherlock Holmes ebenfalls am liebsten „die Leute selbst“ befragt. (Siehe Anmerkung S. 102.)

α) Der goldene Klemmer.

Ein Professor hatte in seinem Dachstübchen eine Mörderin versteckt, die zufällig seine eigene Frau war. Holmes ahnte das Versteck, hatte aber noch keine Beweise. Er wollte nun unauffällig feststellen, ob der Professor recht große Portionen Essen bei seiner Wirtschafterin bestellte, die er dann mit der versteckten Frau teilte. Gelegentlich eines Gespräches mit der Wirtschafterin brachte er das Gespräch — Holmes ist ein Meister im Dirigieren der Gespräche — auf das übermäßige Rauchen des Professors:

Wirtschafterin: „— — Seine Gesundheit — nun, ich weiß nicht, ob's gut oder nicht gut ist, das Rauchen.“

Holmes: „Auf alle Fälle nimmt es den Appetit.“

Wirtschafterin: „Davon weiß ich nichts, Herr.“

Holmes: „Ich vermute, daß der Professor kaum was ißt.“

Wirtschafterin: „Nun, 's ist verschieden bei ihm“.

Holmes: „Ich möchte wetten, daß er heute morgen kein Frühstück gegessen hat, und, nach all den Zigaretten, die ich ihn, schon wieder habe rauchen sehen, auch das Mittagessen stehen lassen wird.“

Wirtschafterin: „Damit haben Sie aber zufällig daneben gehauen, denn er hat ein auffallend großes Frühstück verzehrt, und auch wieder zu Mittag eine tüchtige Portion Kotelettes bestellt. Ich wundere mich selbst, denn als ich gestern den jungen Herrn Smith auf dem Boden liegen sah, konnte ich Essen nicht sehen. Nun, 's gibt allerlei Menschen auf der Welt, und dem Professor hat die Sache den Appetit nicht genommen."

β) Silberstrahl.

Für die Aufklärung eines Mordes an einem Stallmeister und des Verschwindens des Rennpferdes „Silberstrahl" war es von großer Bedeutung festzustellen, ob der Ermordete ein taubengraues, kostbares Seidenkleid, dessen Rechnung bei ihm gefunden wurde, für seine oder für eine fremde Frau gekauft hatte. Holmes befragte die Witwe des Ermordeten selber:

Holmes: „Habe ich Sie nicht kürzlich bei einem Gartenfest in Plymouth gesehen, Frau Straker?"

Frau Straker: „Nein, das muß ein Irrtum sein."

Holmes: „Wirklich? Ich hätte darauf schwören mögen; Sie trugen ein taubengraues Seidenkleid mit Straußenfedern besetzt."

Frau Straker: „Einen solchen Anzug habe ich nie besessen."

Holmes: „So? — Dann habe ich mich freilich getäuscht. Entschuldigen Sie, bitte."

Schlußwort.

Die aufgezählten Ermittlungsmöglichkeiten können keinen Anspruch auf Vollständigkeit erheben. Es sollen nur einige Anregungen für den Detektiv gegeben werden, aus denen er lernen soll, sich weiter fortzubilden und vor allen Dingen über weitere Erkundungsmöglichkeiten nachzudenken. Es war mein Bestreben, nur solche allgemeine Ermittlungsarten zu geben, die der Detektiv sowohl für die zivil- als auch für die strafrechtliche Praxis verwenden kann.

d) Auskünfte.

1. Heiratsauskünfte.

Hier handelt es sich darum, das Vermögen des zukünftigen Schwiegervaters festzustellen. Ruf, Vorleben usw. sind in oben angegebener Weise leicht zu ermitteln. Das Vermögen läßt sich feststellen durch Nachfrage bei seiner Bank, im Grundbuchamt und Finanzamt. Steht der Betreffende im öffentlichen Leben, so kann man sein Gehalt an der Hand der Besoldungsgesetze und der Tarifstabellen[1]) leicht ausrechnen.

2. Kreditauskünfte.

Hier soll festgestellt werden, ob der Betreffende für eine bestimmte Summe „gut" ist. Kreditauskünfte werden oft im Abonnement und mittels sogenannter „Kreditauskunftsgutscheine" gegeben, d. h. eine Firma kauft sich eine Anzahl dieser Gutscheine von der Auskunftei und sendet sie nach Bedarf an diese ein. Kreditauskünfte kann man leicht bei Banken einholen. Hier ein Formular eines Kreditauskunftsgutscheines:

---

[1]) Im Buchhandel kommentiert zu haben.

Stadt-Auskunft. Gültig bis ....

Auskunftei „Firma".

Auskunft Nr. ....

über Firma Frau / Herrn Frl. ....

Ort ....

Straße ....

wegen Kredit ....

für

....

....

Stadt-Auskunft. Mitglied Nr. ....

Gültig bis .... Gutschein Nr. ....

Die löbliche Auskunftei „Firma" wolle gegen Abgabe dieses Gutscheins Auskunft einholen

über Firma Frau / Herrn Frl. ....

Ort .... Straße .... Nr. ....

wegen Kredit ....

Ich erkenne an, daß mir die Auskunft streng vertraulich und nur für meinen eigenen Gebrauch gegeben wird und hafte für jeden Schaden, der durch Weitergabe entsteht.

....

Datum Unterschrift

C. Kriminalsachen.

a) Allgemeines.

Im allgemeinen soll der nicht akademisch und praktisch vorgebildete Privatdetektiv von Kriminalsachen die Finger lassen. Viel Gutes ist – abgesehen von den Akademikern und vielleicht auch manchen früheren Kriminalkommissaren – noch nicht dabei herausgekommen. Ich erinnere nur an die vielen Fälle, wo sich Beamte der Detekteien nicht einwandfrei betätigt haben. Ein Privatdetektiv ist einem von gewerbsmäßigen Verbrechern ausgeführten Verbrechen gegenüber machtlos und nur auf die Polizei angewiesen. Bei Gelegenheitsdelikten ist die einzige Möglichkeit für ihn, sich zu betätigen. Wie sich aber Privatdetektive zuweilen auch bei solchen Fällen betätigen, davon zeugen die fast täglichen Zeitungsnotizen über gefälschte Geständnisse, z. B. durch „Wachsuggestion" und ähnliche Tricks.

Es läßt sich nicht leugnen, daß in manchen Kriminalfällen, insbesondere in solchen, wo Hausangestellte oder Bekannte verdächtigt sind, ein tüchtiger und reeller Laiendetektiv recht wertvolle Dienste leisten kann. Der Detektiv wird sich also mit dem die Sache bearbeitenden Kriminalbeamten[1]) in Verbindung setzen und Hand in Hand mit ihm die Angelegenheit verfolgen. Die Kriminalpolizei der Reviere kann sich natürlich nicht jedem Fall eingehend widmen.

[1]) Vom zuständigen Polizeirevier.

Sie stellt lediglich Recherchen an, macht Haussuchungen und vernimmt Zeugen und Verdächtige. Der Detektiv dagegen kann den Verdächtigen beobachten, Beweismaterial sammeln und dieses dann dem Revier vorlegen, das dann das weitere veranlassen wird[1]).

b) Besonderes.

Einige Verbrechensarten, die der Detektiv nicht selten zur Bearbeitung bekommt, möchte ich hier anführen, soweit dies im Rahmen dieses Buches möglich und notwendig ist. Wer sich besonders in der Kriminalistik weiter bilden möchte, lese die angegebenen Werke[2]).

1. Diebstahl.

Nach der Lage des Falles wird sich der Verdacht gegen eine oder mehrere bestimmte Personen richten, die entweder mit dem Bestohlenen verwandt, bekannt oder bei ihm angestellt sind, oder zur Zeit der Tat sich in der Nähe des Tatortes befanden, z. B. Schlosser, Tapezierer, Elektromonteure usw.

Der Detektiv wird sich über die Person des Verdächtigen zu orientieren suchen, also Vorleben, Ruf,

---

[1]) Akademische Privatkriminalisten werden jedoch u. U., insbesondere bei Gelegenheitsdelikten, erfolgreichere Arbeit leisten können, als die Kriminalpolizei.

[2]) Insbesondere zu empfehlen: Stieber-Schneickert, Praktisches Lehrbuch der Kriminalpolizei. (Verlag A. W. Hayn's Erben, Berlin.)

Familie, Liebschaften, Passionen, üble Angewohnheiten (Spiel, Trunk). Dann wird er durch Ermittlungen feststellen, was der Verdächtige am Tage der Tat getan hat, wo er nach Verübung der Tat hingegangen ist, ob er Pakete oder Taschen bei sich hatte, in denen sich die gestohlenen Gegenstände befanden usw. Wichtig ist es auch, genaue Erkundigungen über seinen Verkehr mit anderen Menschen einzuziehen, denen er vielleicht von der Tat erzählt haben könnte. Oft werden diese Ermittlungen schon zum Ziele führen. Gelingt es jedoch nicht, den Verdächtigten auf Grund dieser Ermittlungen zu überführen, dann muß er gegebenenfalls beobachtet werden. Die Beobachtung hat sich zu erstrecken bei Gelddiebstählen auf Käufe, Wirtshauszechen, Bankbesuchen usw.; bei Warendiebstählen auf den Verbrauch dieser Waren im Haushalt, Absendung von Paketen, Verkäufe an Händler oder Hehler (meist Pfandleiher oder Altwarenhändler). Das verausgabte Geld ist mit der Monatseinnahme des Betreffenden zu vergleichen. Auf diese Weise kann man feststellen, ob er vielleicht mehr ausgibt, als er auf gesetzmäßige Weise eingenommen hat.

Der Geschädigte wird immer sehr gut daran tun, niemandem, auch den nächsten Bekannten und Verwandten nicht, mitzuteilen, daß er einen Privatdetektiv in Anspruch nimmt. Es ist schon oft dagewesen, daß der Prokurist, der Kompagnon, ja selbst der Haussohn, die Haustochter und die Ehegatten Stehlereien begingen und den Verdacht geschickt auf andere abwälzten. Als Detektiv aber erkundige man sich, wer alles weiß, daß man in dieser Sache tätig ist.

2. Einbruch.

Seltener kommen Gelegenheitseinbrüche vor. Hier wird festzustellen sein, ob Nachschlüssel, Dietriche oder Gewalt angewendet wurden. Sind Dietriche angewendet worden, so muß man ermitteln, wer alles im Hause Dietriche besitzt — Portiers z. B. besitzen stets welche. Der Detektiv soll es vermeiden, in puncto Fingerabdrücke und Schloßöffnen Sherlock Holmes zu spielen, sondern soll sich auf das sachverständige Vorgehen des Revierbeamten verlassen. Vor allem spielt die Zeit des Einbruchs eine große Rolle. Meist wird der Einbruch stattgefunden haben, wenn die Bewohner das Zimmer oder die Wohnung verlassen haben. Es ist also festzustellen, wer von dem Weggange gewußt hatte, und wem sie ihren Weggang mitgeteilt haben. Ermittlungen sind anzustellen bei Hausnachbarn über etwaige Geräusche zur Zeit des Einbruchs, beim Portier über das Passieren unbekannter Personen. Auf Dienstmädchen ist ein wachsames Auge zu haben, da diese oft ihre Verehrer mit in die Wohnung nehmen. Und diese Verehrer nehmen auch oft die Gelegenheit zu einem kleinen Einbruch oder Diebstahl wahr. Verdächtige sind zu beobachten, der Verbleib der gestohlenen Sachen durch harmlose Ermittlungen festzustellen.

3. Unterschlagung.

Bei Unterschlagungen richtet sich meistens der Verdacht auf eine ganz bestimmte Person oder Personengruppe. Der Detektiv wird den Auftrag erhalten, festzustellen, wo das unterschlagene Geld geblieben ist, und stichhaltige Beweise herbeizuschaffen. Je größer die Summe ist, die unterschlagen wurde, desto leichter wird ihr Verbleib durch Ermittlungen bei Banken, Finanzämtern, Postanstalten usw. festzustellen sein.

4. Sittlichkeitsverbrechen.

Es wird wohl nur selten vorkommen, daß einem Privatdetektiv die Bearbeitung eines Sittlichkeitsverbrechens übergeben wird. Sind unsittliche Handlungen an Jugendlichen verübt worden, so beschränkt sich die Tätigkeit des Detektivs auf Ermittlungen bei den betreffenden Jugendlichen und Feststellung des Täters nach der Beschreibung und nach der Art der vorliegenden Umstände. Alles übrige hat die Untersuchung des Gerichtsarztes festzustellen. Eventuell wird der vermutliche Täter zu beobachten sein, um weitere Beweise zu erlangen. Ebenso ist zu verfahren bei Exhibitionismus (z. B. Entblößung des Geschlechtsgliedes auf der Straße vor vorübergehenden Frauen und Mädchen) und bei Päderastie (homosexueller Verkehr).

Derartige Verbrechen und Vergehen wird man besser einem Akademiker oder der zuständigen Stelle der Kriminalpolizei übergeben, denn ihre Bearbeitung erfordert ein gründliches, akademisches Studium der sexuellen Perversitäten.

5. Fälschung.

Fälschungen von Legitimationspapieren wird der Detektiv auch nur selten bearbeiten. Eher schon Urkundenfälschungen. Hier ist auf das Wasserzeichen des Papiers (bei amtlichen Schriftstücken) zu achten. Oft trägt dieses Wasserzeichen den Namen der Fabrik und die Jahreszahl. Steht nun das Datum einer Urkunde mit dem Herstellungsjahr in Widerspruch, so kann man mit Sicherheit eine Fälschung annehmen[1]). Fälschungen durch Schriftvergleichung aufzudecken, möchte ich nicht raten, denn dies erfordert ein jahrelanges, gründliches Studium und eine jahrzehntelange Erfahrung. Auch kann ich nicht genug vor sog. Schriftsachverständigen warnen, von denen viele sich erst im späten Alter auf das Studium der Schriftvergleichung geworfen haben und mitunter viel Unheil mit ihren Gutachten anrichten. So ist es oft vorgekommen, daß auf Grund solcher Gutachten unschuldige Leute verurteilt und in Unterruchungshaft genommen wurden. Vor allem sei vor solchen Schreibsachverständigen gewarnt, die auf Grund von Messungen (sog. graphometrisches Verfahren) die Identität von Handschriften feststellen wollen. Eine Autorität auf diesem Gebiete ist Dr. jur. Schneickert, der die

[1]) Vgl. Stieber-Schneickert, a. a. O.

gerichtliche Schriftvergleichung als erster auf eine wissenschaftliche Basis gestellt hat[1]).

Im übrigen wird der gewandte Detektiv recht gut durch Ermittlungen — und Nachdenken zum Ziele kommen. So legte ein junger Arzt einem Geldverleiher zur Sicherung eines Darlehens eine Urkunde vor, aus der hervorging, daß er als Assistenzarzt bei einem berühmten Medizinalrat angestellt sei, dessen Unterschrift der Arzt gefälscht hatte, denn er war noch nicht angestellt. Wenn das Datum der Urkunde mit dem Datum der tatsächlichen Anstellung des Assistenzarztes bei dem Medizinalrat nicht übereinstimmte, was ja leicht durch einfaches Befragen des betreffenden Arztes festzustellen war, so ist die Fälschung nachgewiesen.

6. Hochstapelei[2]).

Wenn ein Detektiv beauftragt wird, Erkundigungen über eine Person einzuziehen, die der Hochstapelei verdächtig ist, so wird er fürs erste versuchen müssen, die persönliche Bekanntschaft dieser Person zu machen, um sie auszuhorchen über Geburtsort und Geburtsdatum. Bei der Polizeibehörde des angegebenen Ortes ist anzufragen, ob die Angaben stimmen. Sind die Angaben falsch, so läßt man sich nichts merken,

---

[1]) Vgl. Schneickert, Leitfaden der gerichtlichen Schriftvergleichung. (Verlag J. Guttentag, Berlin.)

[2]) Hochstapelei als solche ist an und für sich nicht strafbar. Fast immer ist jedoch Hochstapelei mit Schwindelei verbunden und wird als solche bestraft.

sondern versucht, ein Bild, eine Handschrift oder einen Fingerabdruck des Verdächtigen zu erlangen. Damit wendet man sich an den Erkennungsdienst einer Polizeizentrale, der genau feststellen wird, ob gegen den Verdächtigten schon etwas vorlag. Ebenso verfährt man bei Heiratsschwindlern. Tritt der Betreffende unter einem adeligen Namen auf, so zieht man den Gothaer Adelsalmanach zu Rate. Hat er einen ausländischen Adelstitel, so wende man sich an die Gesandschaft des betreffenden Staates, und fragt an, ob eine solche Adelsfamilie dort existiere, und ob der Betreffende ihr angehören könne.

7. Anonymes.

Nach Schneickert[1]) lassen sich hier zwei Arten von anonymen Schreiben unterscheiden, und zwar bezüglich der Verfasser, nämlich in erster Linie Schreiben, „die aus einem ganz bestimmten, eng begrenzten Personenkreis stammen". Es kann sich also nur um Personen handeln, denen die im Briefe „erwähnten Tatsachen oder Vorkommnisse bekannt oder von Interesse sein können". Beim Feststellen des Urhebers dieses Briefes wird der Detektiv sich also eine Liste derjenigen Personen anfertigen, die in Betracht kommen, und bei ihnen Ermittlungen anstellen. Ist besonders eigenartiges Papier verwendet worden, so dürfte eine Nachfrage bei der Wohnung des Verdächtigten benach-

[1]) Stieber-Schneickert, a. a. O. Vgl. auch Schneickert, Leitfaden der gerichtl. Schriftvergleichung, Berlin 1918, S. 78.

barten Papierhandlungen von Wert sein. Auch wird jeder Papiersachverständige in den Papierfabriken genau sagen können, was das für Papier ist, wo es verwendet und hergestellt wird. Ebenfalls ist eine Prüfung z. B. durch das Materialprüfungsamt in Dahlem immer lohnend. Wulff bringt folgende Art der Ermittlung: Man solle sich als Händler verkleiden und der verdächtigen Person gezeichnetes Briefpapier zum Verkaufe anbieten. Dieses Mittel wird jedoch nur selten wirksam sein und auch dann nur bei dauerndem anonymen Schreiben einer bestimmten Person.

Ist der Brief mit Schreibmaschine geschrieben, so wird ein Schreibmaschinensachverständiger sagen können, was für ein System die betreffende Schreibmaschine darstellt. Dann sind die Ermittlungen auf Feststellung einer solchen Schreibmaschine bei einer verdächtigen Person zu richten. Hat diese Person eine solche Schreibmaschine im Besitz, so muß man ein Schriftstück herauszulocken suchen, das mit dieser Schreibmaschine geschrieben ist. Durch Vergleich ist dann die Identität der Schrift festzustellen, da jede Maschine, insbesondere bei längerem Gebrauch, anders schreibt.

Hat man den Eindruck, besonders bei Schreiben unsittlichen Inhalts, daß der Schreiber gewerbsmäßig derartige Briefe versendet, teils um zu erpressen, teils aus Sadismus, so wird die von Dr. Schneickert im Erkennungsdienst Berlin nach eigenem Registriersystem eingerichtete polizeiliche Handschriftensammlung zur Ermittlung des Urhebers beitragen können.

Die andere Art dieser Schreiben sind solche, „die aus einem unbegrenzten, nicht bestimmten Personenkreis herrühren". Hier sind private Nachforschungen so gut wie aussichtslos.

Anonyme Schmähbriefe sind ein typisch weibliches „Kampfmittel". Meist sind es hysterische Weiber, die zu ihm Zuflucht nehmen. Die von solchen Briefen betroffene Person wird gut tun, wenn sie derartige Briefe möglichst verschlossen einem Akademiker-Kriminalisten oder der Kriminalpolizei übergibt, die dann versuchen werden, Fingerabdrücke sichtbar zu machen, um dadurch eine Überführung herbeizuführen.

Ebenso ist zu verfahren bei Erpresserbriefen.

8. Schwerverbrechen.

Schwerverbrechen wird der Detektiv schon deshalb nicht zur Bearbeitung bekommen, weil sich deren Bearbeitung die Kriminalpolizei vorbehält. Der Detektiv wird aber manchmal von dem Verteidiger des Schuldigen mit der Feststellung einiger noch ungeklärter Tatsachen oder dem Nachweis eines Alibi beauftragt werden[1]). Dies hat besonders gründlich zu geschehen, insbesondere ist die Zeit der aufeinanderfolgenden Tatsachen möglichst nach Minuten genau festzustellen und anzugeben. Private Verhöre von Zeugen sind

[1]) Vgl. insbesondere die klaren, geschickten Ermittlungen eines Detektivs in der Erzählung „Der eifersüchtige Gatte" in „Von großen und kleinen Spitzbuben". Von Carl Schüler, Verlag Lutz, Stuttgart.

möglichst wortgetreu wiederzugeben, und Ortsbeschreibungen mit Skizzen, und wenn möglich, Photographien einzureichen. Jeder Kombination hat sich der Detektiv auch hier in seinen Berichten zu enthalten.

c) Schlußwort.

Dies sind die hauptsächlichsten Verbrechen, die ein Laiendetektiv bearbeiten wird. Die Delikte der Patentverletzung und des Betruges, insbesondere des Konkursbetruges, sind analog den Regeln über die Ermittlung und nach der Sachlage zu bearbeiten. Ein tüchtiger, gewandter Detektiv wird bei Würdigung aller das Verbrechen begleitenden Umstände und bei einigem Nachdenken mit Hilfe der von mir angegebenen Mittel und Register zum Ziele kommen.

D. Fragebogen.

(Durch Befragen des Mandanten vom Detektiv auszufüllen.)
(Nachdruck verboten!)

1. Allgemeines

(insbesondere für Beobachtungen, jedoch nach Möglichkeit auch für Ermittlungen und Delikte auszufüllen).

1. Name, Stand, genaue Adresse des Observaten (oder Verdächtigten)?
2. Geburtsdatum und Geburtsort?
3. Verlobt? Verheiratet? Geschieden? Ledig? Unterhält ein Verhältnis?
4. Bahnverbindung zur Wohnung?
5. Zuständiges Postamt? Polizeirevier?
6. Vorbestraft? Wann? Wo? Warum? Womit?
7. Kann Photographie besorgt werden? Wann aufgenommen? Inwieweit weicht sein jetziges Aussehen von dem auf dem Bilde ab?
8. Körperliche Gebrechen? Krankheiten? Leidenschaften? Perversitäten? Üble Angewohnheiten?
9. Haarfarbe, Frisur, Glatze?
10. Augenfarbe? Glasauge? Schielen? Kneifer, Brille, Einglas?
11. Bart, Farbe, Form?
12. Kennzeichen, Schmisse, Narben, Tätowierungen?

---

13. Name und Adresse der Personen, mit denen er im besonders freundschaftlichen Verkehr steht?
14. Mitglied eines Vereins, Stammtischs? Name des Vereins, seine Ziele, Tagungsort und -zeit?

15. Parteimitglied? Welcher Partei?
16. In welchen Lokalen verkehrt er?
17. Wo ist sein Geschäftslokal? Amtsstelle? Zimmer Nr.? Stock?
18. Wie hoch ist sein Gehalt? Hat er Nebeneinnahmen? Welche? Wie hoch?
19. Wann sind seine Dienststunden, Geschäftszeit?
20. Wo ißt er zu Mittag?
21. Hat er Dauerkarten auf irgendeiner Linie der Straßen-, Stadt-, Ring-, Vorort- oder Untergrundbahn? Welche? Welche Klasse? Wie weit?
22. Ist er Abonnent in einem Theater, Kino? In welchem?
23. Was tut er gewöhnlich am Sonntage?
24. Treibt er Sport? Welchen?
25. Hat er eine Laube am See oder in einer Laubenkolonie? Wo?
26. Hat er Auto, Fuhrwerk, Pferd, Motorrad (leicht oder schwer), Fahrrad, Ruderboot, Seegelboot, Motorboot, Jacht, Flugzeug?
27. Wo steht es?
28. Wann benutzt er es?
29. Beschreibung, Nummer und Pferdekraft des Fahrzeugs?
30. Verkehrt er mit Freunden, die eines (welches?) der genannten Fahrzeuge haben? Name, Stand und Wohnung?
31. Besitzt er Dienstboten? Welche?
32. Besitzt er einen Hund? Aussehen und Rasse?

33. Bankkonto, Postscheckkonto, Telephonnummer?
34. Hat er sein Leben versichert? Zu wessen Gunsten?
35. Besitzt er Häuser, Grundstücke, Schiffe, Fabriken, Anstalten, Institute? Welche? Wo?

---

36. Was für Hüte trägt er gewöhnlich?
37. Anzüge?
38. Mäntel?
39. Schuhe?
40. Stock, Mappe, Schirm, Handschuhe, Pelz?

---

41. Wann soll beobachtet werden?
42. Wie lange und wie oft?
43. Sonntags?
44. Im Theater?
45. Auch wenn er verreist?
46. Auch im Luftschiff, Flugzeug, ins Ausland?
47. Wieviel Spesen dürfen pro Woche, pro Tag im Höchstfalle berechnet werden?
48. Was soll durch die Beobachtung festgestellt werden?
49. Wird täglich oder wöchentlich Bericht gewünscht?
50. Sollen die Berichte mit der Post gesandt werden? Wohin? Holt der Mandant die Berichte selbst ab? Wann?
51. Wer weiß alles, daß ein Detektiv in der Sache arbeitet?

---

2. Ermittlungen (Besonderes).

52. Was soll ermittelt werden?
53. Welche Personen kommen in Frage, die die zu

ermittelnde Tatsache kennen? Name, Stand, Wohnung, Charakter?

54. Verwandte, Bekannte?

55. Sind ihm diese Auskunftspersonen freundlich gesinnt? Falls nicht, warum nicht?

---

3. Strafsachen (Besonderes).

56. Auf wem ruht der Verdacht? Deliktsart?

57. Warum?

58. Personalien des Verdächtigten. Vorbestraft? Woher kommt er? Führung? Leidenschaften? Liebschaften? Verkehr?

59. Besonders auffälliges Verhalten nach dem Zeitpunkt der Tat? Begründung?

60. Ist bereits einmal eine ähnliche Tat im Betriebe geschehen? Wann? Täter? Nähere Angaben.

61. Bemerkungen und sonstige Fragen.

Es wird natürlich kaum möglich sein, daß der Mandant sämtliche Fragen beantworten kann. Indes sollen ihm nach Möglichkeit sämtliche Fragen vorgelegt werden, irgendein Anhaltspunkt wird sicher darunter sein. Selbstverständlich sind mit diesem Fragebogen noch nicht sämtliche Fragen erschöpft. Unter Nr. 61 kommen mit laufenden Nummern noch die Fragen, die für den speziellen Fall von Bedeutung sind.

E. Schlußbetrachtung.

Es handelt sich hier um einen Beruf, der für Wahrheit und Recht eintreten soll. Leider haben dies sehr viele Detektive vergessen. Das beweist der schlechte Ruf, den der Detektiv beim Publikum genießt. Stehen doch die Anwälte und das Publikum zu ihm in einem Verhältnis, wie der Feldherr zum Spion: Er braucht ihn, aber verachtet ihn. Daran unermüdlich zu arbeiten, daß sich dieses Verhältnis bessere, daß der Beruf eine **Berufsehre** erhält, muß die vornehmste Aufgabe des Detektivs sein. Er wird und muß dies erreichen durch korrektes Benehmen im Beruf und auch außerhalb des Berufes. Wie es niemandem einfallen wird, einem Notar Vertrauen zu schenken, der sich mit dunklen Schiebergeschäften befaßt oder kommunistische Umtriebe in Szene setzt, einem Arzt, der sich betrinkt, so wird auch niemand Vertrauen haben zu einem Detektiv, der im Privatleben nicht tadellos dasteht. Er soll sich streng an die bestehenden Gesetze halten und vor allem nicht versuchen, Beamte zu bestechen. Besonders Kriminalbeamte sind es, an die manche Detektive — nicht selten mit Erfolg — oft mit bestechungsähnlichen Angeboten herantreten. Gewiß, es ist manchmal durch die Engherzigkeit mancher Behörden sehr schwierig, die nötigen Ermittlungen auf legale Weise zu machen; es ist schwer, aber nicht unmöglich, wie ich in manchen Beispielen gezeigt habe. Auch gebe ich gern zu, daß man mit dem besten Willen zur Ehrlichkeit als Detektiv nicht weit kommt, daß man Finten anwenden muß, wenn man Erfolge sehen will. Jedoch ist es eine Frage des Takt- und Gerechtigkeitsgefühls des einzelnen, die Grenze zu halten zwischen Schwindelei im Berufe und Schwindel aus Gemeinheit und Geldgier.

Der Mandant darf unter keinen Umständen belogen werden. Dies ist ein Fehler, den viele Detektive, sei es aus Geldgier, sei es aus falschem Ehrgeiz, oft begehen. Nur durch Ehrenhaftigkeit und Geschäftskulanz gegenüber dem Publikum ist es möglich, den verloren gegangenen Ruf wieder herzustellen.

Leider steht aber auch das Publikum auf dem unhaltbaren Standpunkt, daß man einem Detektiv so wenig Geld wie nur möglich vor Erledigung der Angelegenheit anvertrauen dürfe. Das ist falsch, denn der Detektiv braucht Bewegungsfreiheit. Die Hälfte des Gesamthonorars mindestens muß als Vorschuß gezahlt werden. Sieht man, daß der Detektiv trotz der Vorschußleistung wenig oder gar nichts in der Sache leistet, so soll der Mandant rücksichtslos Anzeige wegen Betruges erstatten. Denn nur durch ein solches energisches Vorgehen steht zu hoffen, daß die Lumpen und Schwindler unter den Detektiven ausgeschieden werden und der Stand gereinigt wird. Erhebt dann die Staatsanwaltschaft Anklage wegen Betruges, so ist es die Pflicht des Mandanten, im Interesse der Allgemeinheit dafür zu sorgen, daß Mitteilungen über die betrügerischen Manipulationen des Detektivs an die Presse zur Veröffentlichung gelangen. Die Presse wird sich in jedem Fall entgegenkommend zeigen.

Viele Mandanten meinen ferner, daß sie den Detektiv so gering wie möglich honorieren könnten. Auch dieser Standpunkt ist gänzlich zu verwerfen. Die Arbeit des Detektivs ist eine schwere und aufreibende, und er kann für geringe Honorare auch nur geringe Resultate liefern, ganz abgesehen davon, daß die Arbeitsfreudigkeit und das Interesse des Detektivs durch zu kleine Honorare sehr beeinträchtigt werden. Eine große Firma brachte es fertig, dem Detektiv für die Herbeischaffung gestohlener Waren im Werte von 650000 M. an Honorar 3000 M. anzubieten. Natürlich darf sie sich dann nicht wundern, wenn der Detektiv nicht das Interesse an der Arbeit hat, das er hätte, wenn er das Zehnfache (in Anbetracht der großen Summe immer noch wenig genug) bekommen würde. Und wenn jetzt der Detektiv Anstrengungen macht, durch Ehrlichkeit den schlechten Ruf zu bessern, so verdient er es, daß das Publikum ihm durch entsprechende Honorierung seiner Arbeit auf halbem Wege entgegenkommt.

Anhang.

I. Register und Auskunftswerke.

1. Automobile.

Jedes Automobil und Motorrad trägt, wie bekannt, eine Nummer. Mit Hilfe dieser Nummer kann man den Besitzer und Eigentümer des Fahrzeuges feststellen. Die Nummer besteht aus zwei Teilen, der Stadt-, Provinz- oder Länderbezeichnung und der polizeilich eingetragenen Nummer des Besitzers, die in dem betreffenden Register bei der Verkehrspolizei des zuständigen Landes (für Berlin: Charlottenburg, Verkehrsstelle) eingetragen ist. Die Bezeichnung der Automobile ist abgeändert durch eine „Verordnung über den Verkehr mit Kraftfahrzeugen" vom 5. Oktober 1920.

Bezeichnungen und ihre Bedeutungen:

1. Preußen: Ziffer **I** und für die Provinzen die Buchstaben **A, C, D, E, H, K, L, M, P, S, T, X, Y, Z.** Beispiel: **IA 2784** (Berlin).
2. Bayern: Ziffer **II** und Buchstaben **A, B,** usw. (**IIA**).
3. Sachsen: Ziffern **I, II, III, IV, V.**
4. Württemberg: Ziffer **III** und Buchstaben **A, B** usw. (**IIIA**).
5. Baden: **IVB.**
6. Thüringen: **T.**
7. Hessen: Ziffer **V** und Buchstaben **O, R, S (VR).**
8. Hamburg: **HH.**

9. Mecklenburg-Schwerin: **M I**
10. Braunschweig: **B**.
11. Oldenburg: **O** und die Ziffern **I, II, III** (**O II**).
12. Anhalt: **A**.
13. Bremen: **H B**.
14. Lippe: **L**.
15. Lübeck: **H L**.
16. Mecklenburg-Strelitz: **M II**.
17. Waldeck: **W**.
18. Schaumburg-Lippe: **S L**.

Fahrzeuge, die zum internationalen Verkehr zugelassen sind, führen ein besonderes Schild neben der Nummer, auf dem der Anfangsbuchstabe ihres Landes verzeichnet ist. Für Deutschland also:

(**D**)

2. Droschken.

Ebenfalls sind die Nummern der Pferdedroschken bei der Verkehrsstelle einzusehen.

3. Adreßbuch von Berlin (Verlag August Scherl, Berlin).

Besonders wichtig ist die Abteilung: Behörden.

4. Reichs-Adreßbuch von Deutschland (Verlag Rudolf Mosse, Berlin).

Vor allem für große Firmen, Fabriken, Banken usw.

5. Welt-Adreßbuch

Für Weltfirmen.

6. Adreß-Kontore.

Dort erhält man Adressen ausländischer Firmen, z. B. ausländischer Detektive.

7. Telephonbuch (amtlich).

Auch hier sind die behördlichen Anschlüsse wichtig.

8. Branchentelephonbuch.

In ihm sind die Teilnehmer nach ihren Branchen geordnet.

9. Geschäftsrat, Abteilung: Kreditkontrolle (Berlin SW19).

Er gibt ein Verzeichnis internationaler Vertreter heraus, die gegen geringe Gebühren Kreditauskünfte liefern.

10. Regenhardt's Geschäftskalender.

Er hat ebenfalls ein solches Vertreterverzeichnis, nur umfangreicher und praktischer angelegt.

11. Adressen-Kataloge (von Robert Teßmer, Berlin).

12. Gothaer Almanach.

In ihm sind sämtliche Mitglieder des hohen und niederen Adels verzeichnet, nebst persönlichen Angaben, z. B. Geburtsdaten, Heiraten, Kinder, Majorate und dergleichen.

13. Universitäts-Verzeichnis (amtlich).

Es liegt beim Pförtner der Universität aus, und enthält Namen, Wohnung und Geburtsort aller Studierenden und Professoren.

14. Rangliste (amtlich).

Rang, Regiment, Name und Tag des Diensteintritts der Offiziere des deutschen Heeres enthaltend.

15. **Film-Stern** (Verlag Hans Fischer, Berlin).

Er enthält Namen, Lebenslauf, Adresse und Alter (bei Damen jedoch höchst ungenau, da es eigene Angaben sind) der bekanntesten Filmschauspieler.

16. **Hotel-Adreßbuch.**

Es enthält fast sämtliche größeren Hotels des In- und Auslandes nebst einem Guide d'hôtels internationaux.

17. **Theater-Almanach.**

Herausgeber ist die Genossenschaft Deutscher Bühnen-Angehöriger.

18. **Film-Almanach** (Verlag Hans Richter, Berlin).

Namen und Adressen von Filmschauspielern, Regisseuren und Filmgesellschaften Deutschlands.

19. **Deutsches Theater-Adreßbuch** (Verlag Osterfeld & Co., Berlin).

Adressen von Schauspielern und Theatern. Herausgeber ist der „Deutsche Bühnenverein".

20. **Zigeunerbuch** (Dr. Wild'sche Buchdruckerei, München).

Herausgeber: A. Dillmann, München. Enthält die Zigeuner-Stammbäume. Besonders wichtig für Süddeutschland, aber etwas veraltet.

21. **Erkennungsdienst der Kriminalpolizei** (amtlich)[1].

Er weist folgende Register und Kartotheken auf:

a) Fingerabdrucksammlung mit rund 300000 Abdruckbogen (Ende 1922).

---

[1]) Nach Stieber-Schneickert, a. a. O., u. Schneickert, Einführung in die Kriminaltechnik, Berlin 1921 (Albert Nauck).

b) Einzelfingerabdrucksammlung mit Tatortabdrücken zur Ermittlung von Einbrechern.

c) Verbrecheralbum mit 64 Bänden und rund 60000 Photographien.

d) Fahndungskarten mit Bildern nach Verbrecherkategorien geordnet.

e) Merkmale- und Spitznamenverzeichnis in Kartothekform.

f) Handschriftensammlung bereits oben erwähnt. In Kartothekform.

g) Diebstahlsmerkkartensammlung, Verzeichnis gestohlener Gegenstände.

h) Leichen- und Vermißtenkartothek, bei der über jede unbekannte Leiche und vermißte Person eine Karte angelegt wird. Die Photographien unbekannter Leichen werden in einem Schaukasten vor den Zimmern der Leichen- und Vermißtenkartothek für das Publikum ausgehängt.

i) Sammelliste aufgerufener Wertpapiere, herausgegeben von der Bank des Berliner Kassen-Vereins, Berlin W 56, Oberwallstr. 3/4. Es enthält die Nummern von Wertpapieren, welche gestohlen, verloren gegangen, abhanden gekommen, mit Zahlungssperre belegt, kraftlos erklärt, mit Beschlag belegt, mit Opposition belegt oder gerichtlich aufgeboten sind. Diese Liste erscheint wöchentlich einmal, täglich erscheint eine Teilausgabe, in die nur Neuaufnahmen und Erledigungen eingestellt werden.

Diese Sammelliste dürfte in jeder Bank zu haben sein, sonst direkt von der Herausgeberin.

Die Zentrale für die deutschen Erkennungsdienststellen befindet sich in Berlin im Polizeipräsidium am Alexanderplatz.

Dies sind einige Register, die für den Detektiv am meisten in Frage kommen. Natürlich gibt es noch viele andere Register. Genaueres erfährt er in jeder größeren Buchhandlung und in den Adreßkomptoiren, sowie in Reisebüros usw.

II. Juristisches.

Ich habe davon abgesehen, die für den Detektiv wichtigsten gesetzlichen Bestimmungen anzuführen, um den Umfang dieses Werkes nicht über das gestellte Maß zu vergrößern. Da jedoch das Kapitel Gesetzeskunde für den Detektiv und den jungen Kriminalbeamten äußerst wichtig ist, so seien an dieser Stelle wenigstens die Gebiete angegeben, über die eine genauere Orientierung unerläßlich ist, nebst einigen empfehlenswerten, diese Gebiete in kurzer, klarer Form behandelnden Werken:

A. Privatrecht.

1. Bürgerliches Gesetzbuch (Allgemeiner Teil, Schuldrecht, Sachenrecht, Familienrecht, Erbrecht), Textausgabe.

Schwarz, Grundriß des Bürgerlichen Rechts, Verlag Carl Heymann, Berlin.

2. Handelsgesetzbuch (Handelsstand, Handels-

gesellschaften und stille Gesellschaft, Handelsgeschäfte, Seehandel), Textausgabe.

Schwarz, Grundriß des Handels-, Wechsel- und Scheckrechts, Verlag Carl Heymann, Berlin.

B. Öffentliches Recht.

1. Gewerbeordnung, Textausgabe[1]).

2. Strafgesetzbuch Textausgabe.

Schwarz, Strafrecht, Strafprozeß, Carl Heymanns Verlag Berlin[2]).

3. Strafprozeßordnung, Textausgabe.

Wertvolle Ergänzungen zu diesen Werken sind ferner noch folgende Bücher, deren Anschaffung sehr zu empfehlen ist:

Maß, Oberbürgermeister, Vorbegriffe der Rechtskunde, Verlag Kameradschaft, Berlin.

Eiben, Polizeimajor, Taschenpolizei, Hilfsmittel beim ersten Einschreiten und Wegweiser für die am häufigsten vorkommenden Fälle im Dienste der Exekutiv-Polizei, Verlag Kameradschaft.

Retzlaffs Polizeihandbuch (Lübeck).

Ein gründliches und fleißiges Studium dieser Werke wird dem Detektiv die gesetzlichen Kenntnisse verschaffen, die er zu einer erfolgreichen Ausübung seines Gewerbes notwendig braucht.

---

[1]) § 35 wird auf Privatdetektive angewendet.

[2]) Besonders zu empfehlen: Schneickert, Strafrechtliche Aufgaben der Polizei, Heft 1 der „Kleinen Kriminalistischen Bücherei", Verlag Walter de Gruyter & Co., Berlin.

Musterformulare amtlicher Register.

Handelsregister,

1	2	3	4
Nummer der Eintragung	Firma, Ort der Niederlassung, Sitz der Gesellschaft	Bezeichnung des Einzelkaufmanns oder der persönlich haftenden Gesellschafter	Prokura
1.	Franz May [1]) Greifswald	Franz May Kaufmann Greifswald	
2.	In Ahlbeck ist eine Zweigniederlassung errichtet		Dem Emil Neumann ist Prokura erteilt
3.	Die Firma ist in: Franz May Nachf. geändert	Hans Schulze Kaufmann Greifswald	
4.		Gustav Knopf Kaufmann Greifswald	

[1]) Unterstrichene Eintragungen gelten als gelöscht.

rmular A. Nummer der Firma: 1.

5	6	7	8
Rechtsverhältnisse bei Einzelkaufleuten	Rechtsverhältnisse bei Handelsgesellschaften	Geschäfts-nummer, Tag der Ein-tragung, Unterschrift	Be-merkungen
		3 HRA 1 / 1 9. August 1903 Schwarz	
		3 HRA 1 / 3 1. Dezember 1903 Schwarz	
..Übergang der in dem ..triebe des Geschäfts ..gründeten Forderungen .. bei dem Erwerbe des ..schäfts durch Hans ..hulze ausgeschlossen.		3 HRA 1 / 8 27. April 1910 Schwarz	
	Offene Handelsgesellschaft. Gustav Knopf ist in das Geschäft als persönlich haftender Gesellschafter eingetreten. Die Gesellschaft hat am 16. Mai 1913 begonnen.	3 HRA 1 / 10 11. Mai 1913 Schwarz	

Handelsregister,

1	2	3	4	5
Nummer der Eintragung	Firma und Sitz	Gegenstand des Unternehmens	Grund- oder Stammkapital	Vorstand; persönlich haftende Gesellschafter; Geschäftsführer; Liquidatoren
1.	„Terra" Terrain-Aktien-Gesellschaft Berlin	Kauf und Verkauf von Terrains in Preußen	100 000 000	Albert Grün, Bankier, Berlin Franz Meyer, Kaufmann, Berlin Ewald Hering, Kommerzienrat, Berlin
2.				
3.		Laut Beschluß der Generalversammlung vom 9. Mai 1916 ist auch der Kauf und Verkauf von Terrains außerhalb Preußens Gegenstand des Unternehmens.		

rmular B. Nummer der Firma: 5.

6	7	8	9	10
Prokura	Gesellschaftsvertrag oder Satzungen; Vertretungsbefugnis	Auflösung, Konkurs, Fortsetzung, Nichtigkeit, Erlöschen der Firma	Geschäftsnummer; Tag der Eintragung; Unterschrift	Bemerkungen
	Aktiengesellschaft Der Gesellschaftsvertrag ist am 12. August 1914 festgestellt		2 HRB 6 / 1 15. August 1914 Schwarz	
dem Julius Helmstedt in Berlin ist Prokura erteilt			2 HRB 6 / 4 11. Oktober 1914 Schwarz	
			2 HRB 6 / 8 11. Mai 1916 Schwarz	Das über die Generalversammlung aufgenommene Protokoll befindet sich S. 98 der Registerakten

Genossenschafts-

1	2	3	4	5
Nummer der Eintragung	Firma und Sitz	Gegenstand des Unternehmens	Bei Genossenschaften mit beschränkter Haftpflicht: Haftsumme; höchste Zahl der Geschäftsanteile	Vorstand und Liquidatoren
1.	Pichelsberger Seerholungsstätten, eingetragene Genossenschaft mit beschränkter Haftpflicht, Berlin	Errichtung von Seerholungsstätten in Pichelsberg auf der Grundlage des gemeinsamen Uferbodenbesitzes	300 Mark; 5 Geschäftsanteile	Georg Walter, Kaufmann Franz Degler, Sekretär Viktor Wilde, Fleischermeister sämtlich in Berlin
2.				Emil Franke, Kaufmann, Berlin
3.				Die bisherigen Vorstandsmitglieder sind Liquidatoren

register. Nummer der Genossenschaft: 8.

6	7	8	9
a) Statut b) Form der Bekanntmachungen c) Zeitdauer d) Geschäftsjahr e) Form für Willenserklärungen des Vorstands und der Liquidatoren f) Vertretungsbefugnis	Auflösung, Konkurs, Fortsetzung, Nichtigkeit	Geschäftsnummer, Tag der Eintragung, Unterschrift des Gerichtsschreibers	Bemerkungen
a) Statut vom 1. Mai 1911 b) Bekanntmachungen erfolgen unter der Firma im „Berliner Lokal-Anzeiger" c) d) Geschäftsjahr läuft vom 1. Mai und endigt am 30. April e) Willenserklärungen des Vorstandes erfolgen durch mindestens 2 Mitglieder; die Zeichnung geschieht, indem 2 Mitglieder der Firma ihre Namensunterschrift beifügen f) Für die Zeit der Behinderung des Kaufmanns Walter ist Fleischermeister Wilde zum stellv. Vorstandsmitgliede ernannt		2 GnR 8 / 1 5. Mai 1911 Schievelbein	Das Statut befindet sich H.-B. der Registerakten.
		2 GnR 8 / 7 3. Januar 1912 Schievelbein	
	Die Genossenschaft ist durch Beschluß vom 10. November 1914 aufgelöst	2 GnR 8 / 12 12. November 1914 Vogel	Der Beschluß befindet sich Bl 21 der Registerakten

Genossenschaftsregister:

1	2	3	4	5
Laufende Nr.	Genossen			Weitere Ge
	Tag der Eintragung	Name und Beruf	Wohnort	Tag der Eintragung
1.	5. Mai 1911	Walter, Georg Kaufmann	Berlin	
2.	5. Mai 1911	Degler, Franz Sekretär	"	
3.	5. Mai 1911	Wilde, Viktor Fleischermeister	"	17. Juni 1911
4.	5. Mai 1911	Anton, Karl Photograph	"	
5.	5. Mai 1911	Mehnert, Kurt Bildhauer	"	
6.	5. Mai 1911	Mantze, Georg Zahnarzt	"	17. Juni 1911
7.	5. Mai 1911	Thomas, Reinhardt Schauspieler	"	

Liste der Genossen.

6	7	8	9	10
…schäftsanteile	Ausscheiden			Bemerkungen
Zahl der weiteren Geschäftsanteile	Tag der Eintragung	Grund des Ausscheidens	Tag des Ausscheidens	
		Gestorben am 7. Oktober 1911	31. Dezember 1911	
1 1 2				
		Aufkündigung zum 31. Dezember 1912	31. Dezember 1912	
		Übertragung des Guthabens an Viktor Wilde (Nr. 3)	17. Juni 1911	

Amtsgericht Lobau. Grundbuch von Buchhain.

1	2	3	4		5	6	7
Laufende Nr. der Grundstücke	Bisherige lfde. Nr. der Grundstücke	Gemarkung	Flurbuch: Kartenblatt (Flur) Nr.	Flurbuch: Parzelle Nr.	Grundsteuermutterrolle	Gebäudesteuerrolle	Wirtschaftsart und Lage
1.		Buchhain	2	110	—	—	Garten im Dorf
2.		Buchhain	5	90	24	—	Acker im Mittelfeld
3.		Buchhain	5	17	—	—	Acker im Mittelfeld

Kreis Seefeld, Band I Blatt Nr 12[1]).

8			9		10	11	12	13	14
Größe			Grundsteuerreinertrag		Gebäudesteuernutzungswert	Bestand und Zuschreibungen		Abschreibungen	
ha	a	qm	Tlr.	1/100		Zur lfden. Nr. der Grundstücke		Zur lfden. Nr. der Grundstücke	
	34	86	7	78					
2	8	19	19	83		2	Von Bd. I Blatt Nr. 17 hierher übertragen am 4. August 1904 Fischer Vogel		
	73	40	7	60				3	Übertragen nach Bd. III Blatt Nr. 117 des Grundbuches von Buchhain am 3. Mai 1910 Fischer Vogel

[1]) Das bekannte Schulbeispiel. Entnommen dem „Ersten Merkblatt des Rechtsstudenten", Welt-Verlag, Berlin NW 7.

Grundbuch: II. Verzeichnis der mit dem Eigentum verbundenen Rechte.

1	2	3	4	5
Lfde. Nr. der Eintragung	Lfde. Nr. des beteiligten Grundstücks	Bezeichnung des Rechtes	Veränderungen	Löschungen
1	1	Ein Wegerecht, eingetragen auf dem Grundstück in Buchhain, Bd. I, Blatt Nr. 37 in Abteilung II Nr. 1 Eingetragen am 24. Februar 1903 Fischer Vogel		

Grundbuch: Erste Abteilung.

1	2	3	4
Eigentümer	Lfde. Nr. des Grundstücks	Grund des Erwerbes, Verzicht	Erwerbspreis, Wert, Feuerversicherungssumme
Landwirt Friedrich Gerber in Buchhain	1	Bei der Anlegung des Grundbuchs auf Grund des Kaufvertrags vom 20. September 1895 eingetragen am 3. August 1901 Fischer Vogel	Zu Nr. 1 51500 Mark Kaufpreis vom 20. Sept. 1895 eingetragen am 3. August 1901
Bauer Heinrich Schmidt in Buchhain	2	Aufgelassen und eingetragen am 5. April 1904 Fischer Vogel	

Grundbuch:

1	2	3
Lfde. Nr. der Eintragung	Lfde. Nr. des belasteten Grundstücks	Lasten und Beschränkungen
1	1	Ein Altenteil für Anton Singert in Buchhain nach Maßgabe des Kaufvertrages vom 20. September 1895 bei der Anlegung des Grundbuchs eingetragen am 3. August 1901 Fischer Vogel
2	2	Ein Wegerecht für den Landwirt Friedrich Gerber nach Maßgabe der Bewilligung vom 30. März 1904. Eintragung am 5. April 1904 Fischer Vogel

Zweite Abteilung.

4	5	6	7	8
	Veränderungen		Löschungen	
zur lfde. Nr. der Eintragung	Eintragung	Löschung	zur lfde. Nr. der Eintragung	
				Gelöscht am 5. April 1904 Fischer Vogel
2	Abgetreten an den Landwirt Wilhelm Müller auf Grund der Abtretungsurkunde vom 10. Januar 1905. Eingetragen am 15. Januar 1905 Fischer Vogel	Gelöscht am 3. Oktober 1907 Fischer Vogel		

Grundbuch:

1	2	3		4
Laufende Nr. der Eintragung	Laufende Nr. des belasteten Grundstücks	Betrag ℳ	₰	Hypotheken, Grundschulden Rentenschulden
1	1	5000	—	Fünftausend Mark Darlehen, mit fünf vom Hundert jährlich seit dem 1. Oktober 1905 verzinsbar und sechs Monate nach Kündigung rückzahlbar für den Kaufmann Ernst Peters in Buchhain eingetragen am 6. August 1905 Fischer Vogel
2	1	3000 — 1000 2000	— — —	Dreitausend Mark Grundschuld mit fünf ..... usw. für den Landwirt Ernst Quart in Lobau eingetragen am 5. Oktober 1910 Fischer Vogel

Dritte Abteilung.

5	6		7	8	9	10		11
Veränderungen					Löschungen			
zur lfd. Nr. der Eintragung	Betrag		Eintragung	Löschung	zur lfd. Nr. der Eintragung	Betrag		
	M	₰				M	₰	
					1	5000	—	Gelöscht am 4. Aug. 1908
2	1000	—	Tausend Mark abgetreten mit den Zinsen seit dem 1. Oktober 1911 an den Landwirt Kurt Ahlers am 29. September 1911 Fischer Vogel	Gelöscht am 1. Oktober 1912 Fischer Vogel				

Vereinsregister: Nummer

1	2	3
Nummer der Eintragung	Name und Sitz des Vereins	Satzung
1.	Excentrik-Klub in Dresden	Die Satzung ist am 1. Oktober 1919 errichtet. Der Vorstand kann ohne Genehmigung der Mitgliederversammlung Rechtsgeschäfte nur bis zur Höhe von 10000 Mark abschließen 5. Oktober Kühn, Gerichts-
2.		
3.		Durch Beschluß der Hauptversammlung vom 20. Dezember 1919 sind die Bestimmungen über die Aufnahme neuer Mitglieder geändert 22. Dezember 1919 Kühn, Gerichtsschreiber
4.		

des Vereinsregisters 1.

4	5	6
Vorstand	Auflösung; Entziehung der Rechtsfähigkeit; Konkurs; Liquidation	Bemerkungen
1. Regisseur Yim Yoe 2. Sänger Harri Meyer 3. Operateur Hobby Hobby 4. Direktor Paul Winkelmann 5. Tänzerin Ria Rey 1919 schreiber		
Sänger Harri Meyer ist ausgeschieden; für ihn ist Schauspieler Bob Tuschi bestellt 1. November 1919 Kühn, Gerichtsschreiber		
	Der Verein ist durch Beschluß der Mitgliederversammlung vom 2. Januar 1920 aufgelöst. Zu Liquidatoren sind die Vorstandsmitglieder bestellt 4. Januar 1920 Kühn, Gerichtsschreiber	

Schiffsregister: Teil 1.

1. Name, Nummer oder sonstige Merkzeichen des Schiffes, Gattung und Material	6. Eigentumsverhältnisse				7. Veränderungen in den Eigentumsverhältnissen				
Marie XIII 75, Oderkahn, aus Eichenholz gebaut, mit buchenem Kiel	Laufende Nr.	Name und nähere Bezeichnung der Eigentümer	Anteile der Miteigentümer	Erwerbsgrund	Laufende Nr.	zur Spalte	Name und nähere Bezeichnung der Eigentümer	Anteile der Miteigentümer	Erwerbsgrund
2. Tragfähigkeit und bei Dampfschiffen oder sonstigen Schiffen mit eigener Triebkraft die Stärke des Motors	a	b	c	d	a	b	c	d	e
Vermessen auf 40 Tonnen zu 1000 Kilogramm Tragfähigkeit laut Meßbriefs der Königlichen Wasserbauinspektion zu Stettin vom 15. Dezember 1912	1.	Karl Stadler Schiffer Stettin	1/2	Haben das Schiff für ihre Rechnung bauen lassen	1.	6[2]	Georg Quast Schiffer Stettin	1/2	Hat den Anteil des Schiffers Ernst Gert durch gerichtlichen Vertrag vom 12. Juni 1913 gekauft 2 BSR 150 2 14. Juni 1913 Lemke Vogel
	2.	Ernst Gert Schiffer Stettin	1/2						
3. Zeit und Ort der Erbauung									
1912 auf der Werft von Georg Danz in Stettin									
4. Heimatsort									
Stettin									
5. Tag der Eintragung des Schiffes									
8. Januar 1913 2 BSR 150 1									

8. Veränderungen in den eingetragenen Tatsachen mit Ausschluß der Eigentumsveränderungen			9 Löschung des Schiffes	10. Pfandrechte				
Lfde. Nr.	zur Spalte	Veränderungen		Lfde. Nr.	Betrag ℳ	Eintragungen	Veränderungen	Löschungen
a	b	c		a	b	c	d	e
1.	4	Der Heimatsort ist nach Gotzlow (Amtsgerichtsbezirk Stettin) verlegt 2 BSR 150 / 10 15. Februar 1914 Lemke Vogel		1.	5000	Fünftausend Mark rückständiges Baugeld mit fünf vom Hundert jährlich seit dem 1. Dezember 1912 verzinslich und drei Monate nach Kündigung rückzahlbar für den Schiffsbauer Georg Danz in Stettin eingetragen auf dem ganzen Schiffe 2 BSR 150 / 1 8. Januar 1913 Lemke Vogel	Zu Nr. 1 Zweitausend Mark nebst Zinsen seit dem 1. Oktober 1914 abgetreten an den Kaufmann Emil Meyer in Stettin 2 BSR 150 / 23 10. Oktober 1914 Lemke Vogel	

Sach- und Personenregister.

(Die Zahlen verweisen auf die Seiten.)

A.

B.

H.

J.

K.

S.

Gedruckt bei A. W. Hayn's Erben, Potsdam.

MIX

Papier | Fördert gute Waldnutzung

FSC® C083411

Kolibri 360 GmbH
Ferdinand-Jühlke-Straße 7
99095 Erfurt, Deutschland
produktsicherheit@kolibri360.de